新潮新書

山口真由
YAMAGUCHI Mayu

いいエリート、わるいエリート

629

新潮社

はじめに

私は「エリート」として紹介されることがあります。

誤解を恐れずに言えば、私は、しばしば「エリート」として紹介されます。東京大学法学部を首席で卒業し、財務官僚となり、大手法律事務所に転職――。この経歴から、メディアのかたがたはそう呼んでくださるようです。

そうしたイメージをビジネスに利用することもないではありません。一方で、私は「エリート」と呼ばれるたびに、どこか居心地の悪さを感じていました。

私自身の経歴を見れば、狭義の「エリート」という捉え方はできるのかもしれません。また、メディアにとっては、こうしたレッテルにはさほどの意味がないのかもしれません。それでも居心地が悪いのです。

そもそも私は、自分を特別に頭がいいと思ったことがありません。これは謙遜でも何でもありません。東大法学部首席をはじめ、いくつかの成果を上げることができたのは、あくまでも圧倒的な努力の積み重ねによるものだと自負しています。

勉強や仕事に、誰よりも多くの時間とエネルギーを使う意識で頑張ってきました。大学三年の時、司法試験の前の二週間は、一日に十九時間半、勉強し続けました。そのせいで精神に若干の異常をきたしたほどです。

また、詳しくは本文で述べますが、財務省時代には、過酷な環境でがむしゃらに働いてきました。そこまでして努力をしてきたのは、高い志や使命感からというよりは、ごく個人的なコンプレックスが原動力でした。これもまた居心地の悪さに関係しているのかもしれません。

そもそも「エリート」とは何でしょうか。

定義はさまざまでしょう。学歴や職歴を必要条件だと考えるかたもいれば、使命感や志、人格までも含めた総合力を求めるかたもいることと思います。知的能力だけでは駄目で、体力や胆力も兼ね備えるべきだという考え方もあるでしょう。

そうした存在に嫌悪感を持つかたもいることでしょうが、一方で幾ばくかの憧れを持つかた、我が子を「エリート」にしたいと考えるかたもいることと思います。

『国家の品格』の藤原正彦先生は、国家としてのエリート教育の重要性を説いていらっしゃいます。

私は、自分自身がどうかはさておいて、これまで三十年ほどの人生の中で、数多くの「エリート」(およびその予備軍)を身近に見てきました。東大生、財務官僚、弁護士……。その個性あふれる素顔に驚かれる読者もいるかもしれません。

その経験から、こうした「エリート」の実像をご紹介しながら、エリートについて考えてみたのが本書です。「我が子をエリートに」と思うかたに何らかの参考になればと思いますし、また「エリートなんて、鼻持ちならない」と思っているかたにも楽しんでいただければ幸いです。

はじめに

いいエリート、わるいエリート……目次

第二章　いい東大生、わるい東大生　44

第三章　いい官僚、わるい官僚　89

第一章　いい勉強、わるい勉強

勉強し過ぎて幻聴を聴いた

子どもの頃からずっと勉強をしてきました。

中学生の時は一日に四時間を勉強に費やしました。高校生の時は五時間。大学受験が近づいた時期は十時間。東京大学法学部に合格して、三年生の時の司法試験を受ける前は十四時間。年を重ねるにつれ、勉強する時間をどんどん増やしていきました。

そして、司法試験の口述試験前の二週間の勉強時間は、毎日十九時間半です。睡眠時間は三時間、食事は一食に二十分ずつ。入浴も二十分。息抜きは、実家の母と電話で話す十分間だけと決めていました。勉強に集中しているつもりでも、ちょっと油断をすると眠りに落ちます。そこで、バケツに氷水をはり、その中に足を入れて睡魔と闘いました。深夜になりうとうとすると、皮膚を刺すような氷水の冷たさで覚醒します。それを何度も何度もくり返しました。

十九時間半勉強の生活を始めて何日目だったでしょうか。幻聴を聴きました。私の耳もとで、誰かが「蛍の光」を歌うのです。「♪蛍の光、窓の雪～」というフレーズだけが何度も何度もリフレインされる。それは実に温かい、優しい響きでした。

最初、私は幻聴だとは思いませんでした。当時の住まいは横浜の祖母の家でしたが、窓の外で、誰かが私の勉強を妨害しているのではないかと疑いました。経験したことがない現象だったからです。

「お母さん、窓の外で誰かが私の勉強のじゃまをするのよ。私、こんなにも勉強をしているのに、『蛍の光』を歌う人がいるの。うるさくて気が狂いそう」

札幌の実家に電話をして、母にそう訴えました。

「真由、何も聴こえないわよ。あなたが聴いているのは幻聴よ。勉強し過ぎて、実際には鳴っていない音が聴こえるの。勉強は大切だけど、頑張り過ぎには気をつけなさい。病気になるわよ」

「えぇー！」

母に諭《さと》されて、驚き、困惑したものの、同時に、私は、奇妙な喜びを感じていました。幻聴を聴くほど、つまり脳にトラブルが起こるほど、自分を追いつめて勉強していることに我ながら誇りを覚えたのです。

口述試験は、司法試験の最後の最後に行われます。受験者全員が体育館に並ばされ、順番が近づくと小部屋の待合室に呼ばれます。この小部屋の待合室は、口述試験に向かう直前の受験生が待つ場所。〝発射台〟と呼ばれています。そして、この場所には、ものすごい緊張感がみなぎっているのです。

この小部屋の中では、誰もが終始沈黙。おそろしいほどの沈黙が支配しています。その小部屋の中で、私は、「蛍の光」を小さな声でハミングしていました。左右にゆっくりと体を揺らしながら。

「私は、気が狂ったのかしら?」

ふと、そんな思いに襲われました。

確かに、どこかが壊れているような感じがします。しかし、同時に壊れているような自分を俯瞰して見ている私の存在も感じていました。

「私、ちょっとおかしい状態になっているわ」

もう一人の冷静な自分が、自分を観察していたのです。

結局、私は一回で司法試験をパスしました。四年間オール「優」をいただいて東大を首席で卒業し、財務省を経て、現在は弁護士としての職を得ています。そして、こうして何冊もの本を書かせてもらってもいます。

それは、必ずしも私の頭がよかったわけではない——と、自分では思っています。私が獲得してきた、勉強というフィールドでの一番は、背伸びをして手に入れた一番だと思っています。

私は、いわゆる〝地アタマ〟に恵まれているわけではありません。膨大な時間とエネルギーを勉強に注いだ成果として、東大首席、財務省、弁護士……という肩書を手に入れてきた。そう自負しています。

エリート——。

私はさまざまな局面で言われてきました。取材していただく時など、メディアのかたがたから「勉強大好きサイボーグ」相手のような質問を受けることもあります。

でも、私はけっして、勉強が好きなわけではありません。勉強している時は苦しくてしかたがありません。

だったら、なぜ、そんなに勉強をしてきたのか――。

その苦しいことを頑張っている自分が好きなのです。何かに向けて努力を重ね、それによって確実に前進している実感を楽しんできました。

勉強には努力に応じた見返りがある

勉強は人を裏切りません。

いつの頃からか、日本でも英才教育によって個性を伸ばす大切さが広く語られるようになりました。幼い頃から絵画を学ぶ、ピアノやヴァイオリンのレッスンを受ける、サッカー教室に通う……。幼少時から勉強ではない何かの才能を伸ばすことが、一流を育てるという考え方です。

そのこと自体、私は間違いではないと思っています。げんに、メジャーリーグのイチロー選手や田中将大選手、イタリアのサッカーリーグ、セリエAの本田圭佑選手や長友佑都選手のように、世界を舞台に活躍する才能が次々と現れています。

しかし、ここで想像してみてください。イチロー選手の成功の陰には、イチロー選手になれなかった数えきれないほどの少年野球や高校野球の選手がいたはずです。彼ら夢破れた大多数については報道されることなどありません。私たちは光だけを見せられて、影の存在に接することはない。夢破れた人たちの存在に、みんながもっと気づくべきだと感じています。イチロー選手は極めつきのレアケースなのだと。

私は北海道出身で、札幌の中学に通っていたので、周囲には数えきれないほどスキーがうまい子がいました。彼らは靴を履いて歩くより、スキーで滑っているほうが自然に見えるくらいの技術の高さでした。それでも、その後彼らのうちの誰かがアルペンで生計を立てているという話は、少なくとも直接には聞いたことがありません。

やはり中学生の時、クラスに水泳がとても速い女の子がいました。国民体育大会、通称、国体に出場するレベルでした。でも、彼女が水泳推薦で入れたのは高校までです。水泳では大学に進めなかったし、オリンピック選手にもなれなかった。その後スイミングクラブのインストラクターになったという話も聞きません。

もちろん、必ずしも「高所得＝幸せ」ではありませんが、仮にインストラクターになっていたとしても、彼女が日本人の平均年収をはるかに超える額の賃金を得ている、なんてことはないはずです。スポーツ推薦で高校までは進めても、そこからさらに華やかな人生を切り開いていくには、東大に合格するよりもはるかに狭い門をくぐり、高いハードルを越え続けていかなくてはいけないのでしょう。

また、肉体を使うスポーツに関して言うと、若い年齢でピークが訪れます。二十代から三十代で人生の頂点を迎え、プロ野球などでは生涯賃金の大半を稼いでしまう人も珍しくありません。しかし、それからもずっと人生は続きます。場合によっては、五十年以上続くことだってある。若い時期の高収入と栄光の思い出のみで、その後の半世紀を生きることを想像すると……。そこには耐えがたい苦しみがあるように、私には思われます。選手時代からよほど明確なヴィジョンを持っていないと、とても苦しい生涯になりそうです。

その点、勉強は、頑張ればそれに見合うリターンが期待できます。それぞれの努力に応じた評価が得られ、職業の選択肢も増えていく。また、年齢を重ねるごとに成果が上がっていく。つまり、人生の後半を充実させる職種を自分の意思で選べるはずです。

医師になるために、東大医学部を目指して勉強したとしましょう。もし東大に入れなくても、ほかの国立大学の医学部がある。私立の医学部もある。東大医学部卒でも、ほかの大学の医学部を出ても、医師は医師。ほとんどの患者は、出身校で医師や病院を選ぶわけではありません。

さらに医学部に受からなくても、医師と同じ業界、つまり人の命を救う職業は選べるでしょう。薬学部という選択肢や、ほかの理系の学部に進んで製薬会社の研究者に進む道もある。勉強はオール・オア・ナッシングではありません。コツコツと地道に勉強を続けた人に対して、社会はさまざまな受け皿を用意してくれています。

そう考えると、勉強ほどコストパフォーマンスのいい努力はありません。

七回読み勉強法

私の勉強法は反復です。

今までいくつかの本で「七回読み勉強法」をおすすめしてきました。名称の通り、教科書や参考書を七回読むことで脳に記憶させるという勉強法です。

それはおおむね、次のようなプロセスで進めます。

①ページ数にもよるが、一冊を三十分から一時間のペースで漢字だけを意識して眺めていく

②同じペースで、今度は①で拾いもらした漢字とカタカナを意識して眺めていく

③前二回をおさらいするつもりで全体を読む

以上三回を私は「助走読み」と言っています。その本に慣れ、大切なキーワードを脳に記憶させます。

④前三回でチェックしたキーワードの前後の文章を中心に読む

⑤「たとえば」「しかし」など接続詞や副詞の前後を意識して読む

以上二回を私は「本走読み」と言っています。キーワードをより正確に理解し、要旨をつかむ意識で読みます。

⑥⑦本全体の内容を深く理解し、脳に定着させる意識で二回読む

最後の二回は「完走読み」です。本の内容をしっかり記憶するように心がけます。

以上が、私がおすすめしている、そして自分自身が実践してきた「七回読み勉強法」

です。ぜひ一度試してみてください。その本に記述されている内容が、おもしろいように頭に入るはずです。

少なくとも、私には、この勉強法がとても向いていました。というのも、子どもの頃からルーティンワークに適性を感じていたからです。

お年玉つき年賀はがきを抽せん番号の下一桁の数字で分けたり、長ネギを等間隔で輪切りにしたり、こういうお決まりの作業に関しては圧倒的に速く、効率よく、正確に行うことに長《た》けていました。

勉強法は変えてはいけない

勉強法はできるだけ変えないことをおすすめします。私の場合は、一貫して七回読みを続けました。もちろん、時間的体力的余裕のある時は、七回と言わず、八回でも、十回でも、二十回でも読みましたが。

しかし、皆さんも経験があるかと思いますが、勉強はコンスタントに成果が上がるわけではありません。学業の成績は常に同じペースで坂をのぼっていくのではなく、階段のようなものです。途中には、踊り場みたいに停滞する時期があります。

「今の勉強法でいいのだろうか？」

踊り場に入ると、あれこれ悩むものです。不思議なもので、どんなに一所懸命勉強していても、一日もさぼらずに教科書に向かっていても、停滞期は必ず訪れます。しかし、ここでうろたえてはいけません。初志貫徹。自分の勉強法を信じて、続けることが大切です。

なぜそうはっきりと言いきれるか。それは、私自身に、苦い体験があるからです。勉強法を変えたことによって、結果的に遠回りしてしまったことがあるからです。それは高校生の時でした。成績の停滞期にがまんできず、七回読みをやめ、応用問題を数多く解く勉強法に切り替えたのです。

七回読みというのは、教科書、あるいは参考書をまるごと記憶してしまう勉強法。基本も、応用も、なにもかも脳に格納してしまうわけです。

一方、応用法は、問題集の問題を解くことで応用力の引き出しを多く身につけて、さまざまな問題に対応する能力を養う勉強法です。

これらはどちらが正しいかではなく、自分に適した勉強法を選び、行うことが大切です。私には、時間をかけ、まるごと覚える七回読みが向いていることは明らかでした。

それによって成果もあげてきました。前述の通り、私自身がルーティンワークに適性があるからです。にもかかわらず、成績の停滞が長引いたことに心を乱し、踊り場期に耐え切れず、問題集を解く方法に切り替えたのです。

結果はさんざんでした。停滞していた成績が見る見る下降していきました。

あの時、勉強法は変えてはいけないということが身にしみました。くり返しになりますが、七回読みでも、問題集を解く応用法でも、どちらが正しいということはありません。あくまでもその人に向き不向きがある。ただし、どちらかに決めたら、それをやり抜くことが重要なのです。

人の成功例が自分に合うとは限らない

大学生の時、司法試験の前に、「私には真似できない」と感じた勉強法を実践する先輩もいました。

彼は短期間の勉強で司法試験に合格しています。ところが、私とはまったく違う方法で勉強していました。まず、彼はノートをいっさいとりません。そして、教科書や参考書や六法全書を声に出して読み、自分自身に説明し続けるのです。

やり方はこうです。

①自分が最高と信じる参考書を一冊選ぶ
②最初から最後まで一度素読みして、大切な箇所にアンダーラインを引く
③書かれている内容を声に出して自分に説明する
④途中でつまったら、内容を確認する

これだけです。

「山口さん、参考書は声を出して自分に説明すると憶《おぼ》えられるよ」

彼は自信満々で主張していました。

私はただただ感心しました。しかし、同時に、自分には無理だと感じました。参考書を一度読んだだけで、それを閉じて、自分に説明し続ける能力があるとは思えなかったからです。

さらに、本を読む作業は、声を出すか出さないかで所要時間が違います。目というのは口よりも、ずっと優れた器官なのです。目で読むのではなく、口を使って声を出すと

なれば、その分、格段に時間がかかります。

私は黙読派でした。そのほうがスピーディーに読め、結果的に回数を多く読めるからです。先輩の勉強法は「私にはできない」と判断しました。あれは能力が高い人限定の勉強法なのです。

このように、人の成功例が必ずしも自分にあてはまるわけではありません。自分の能力や適性や性格を理解して、一番向いている勉強法を早く見つけ、それを徹底的にくり返すことが大切なのです。

そして、自分の勉強法を決めるポイントは成功体験です。いくつか試して、どれかで成果が上がったら、つまりいい成績を収められたら、体験を信じて、その勉強法を続けることだと思います。

集中力が落ちても勉強を継続。脳トレもやらない

応用よりも、思考よりも、脳に記憶させることが最優先の「七回読み」が象徴する私の勉強法は、詰め込み式でもあります。

「詰め込み式の勉強は、実社会に出てから役に立つのか?」

という議論が昔からあります。

たしかに、子どもの頃から、その時その時に可能な最大量を詰め込んできた私の経験では、詰め込んだ内容が社会で直接役に立つことはほとんどありません。

ただし、詰め込んできたことによって、脳の機能は明らかに上がりました。インプット、インプット、インプットのくり返しが、脳を鍛え上げているからです。だから、事務処理能力は年々上がっています。そのことは、社会に出てから、デスクワークで明らかに役立っています。詰め込みの勉強であれ何であれ、努力は何かしらの成果を上げるものなのです。

また、詰め込んだ知識は、学生時代ならば即効性があります。次の定期試験で、記憶したことをそのままアウトプットすればいいからです。努力がストレートに成果に結び付く。だからこそ直後の試験の成績に明確に反映される。そして、そこで得た評価が、自分を高いステージに上げてくれます。

また、詰め込み式の勉強は、勉強時間が長ければそれだけ大きな効果が期待できます。長時間勉強すれば、その時間分たくさんのことを憶えられるからです。

しかし、人間の集中力が持続する時間は限られています。

人は休憩せずにどれだけ集中できるか——。

その答えには諸説あるようですが、一般的には四十五～五十分と言われています。小、中、高等学校の授業が一枠四十五～五十分ですし、テレビドラマも一話四十五～五十分が多いのは、このあたりに理由があるのでしょう。

そう考えると、自宅での勉強も、四十五～五十分やって、休憩をとり、また四十五～五十分やって、休憩をとる。そのくり返しが効率的なのかもしれません。

でも、私はこのサイクルをあえて無視しました。トイレへ行く時間をのぞいては休憩などとらずに、ずーっと継続して勉強を続けるのです。

勉強を続けていると、確かに、四十分から一時間ほどで集中力は落ちます。でも、私は休みません。集中力が落ちても、教科書や参考書を読み続けます。

すると、集中力が低下しているので、勉強をしても確かに集中力が高まっている時間帯と比べると、すんなり頭には入りません。

それでも、休むよりは生産性はあります。休んだら、その時間の生産性はゼロです。何も覚えません。しかし、たとえ集中力が低下していても目で活字を追っていれば、何かしら脳に記憶されていくものです。

だから、疲労や集中力の低下で自分の能力が低下しても、低下したなりに続けることを私は常に選択しました。脳の状態がいい時はいいなりに、よくない時はよくないなりに勉強する。その積み重ねで、トータルの勉強量を増やしていったのです。

休むよりも勉強。眠るよりも勉強。常に集中しなくてはいけないとは思わずに、その時のコンディションなりに勉強する。そう決めてしまえば、集中力が落ちても焦ることなく、疲労しても焦ることなく、ストレスから解放されて勉強を続けられます。そして、集中力が落ちたら落ちたなりに勉強していると、休まなくても、また集中力は上がってきます。その波が訪れたら、また気持ちを上げて勉強すればいいのです。

こうした努力を重ねると、勉強する体質はさらに強くなっていきます。

二〇〇〇年頃だったでしょうか。日本でも脳トレ（脳力トレーニング）がブームになりました。記憶力、学習能力、創造力などを強くするための訓練やゲームをやる人が増えました。しかし、私は、あれにまったく興味を覚えませんでした。脳のコンディションをよくするならば、その時間を勉強に充てたほうが生産性は高いし、脳の機能も高まると考えたからです。

予備校や友だちとの勉強は非効率的

私の経験上、効率の悪さを特に感じた勉強法は、予備校での学習と、友だちと一緒にする勉強です。

友だちとの勉強は中学生の頃、定期試験前に一度体験しましたが、無駄が多過ぎます。

私は、できることならばテスト前は二十四時間勉強をしたいタイプです。だから、自宅と友だちの家を往復することすら無駄に感じました。

友だちの家にいれば、気が緩んで雑談をしてしまうし、お菓子を食べてしまうし、自分がものすごく必死になって勉強している姿を見られたくないし、私にとっていいことは何一つありませんでした。友だちと一緒に勉強するメリットは、どうやらわからない箇所を教え合うことらしいのです。しかし、それならば、勉強は先生に教わったほうがはるかによく理解できます。

では、あの時、なぜ友だちと一緒に勉強しようという誘いに応じたか。それは、ただ嫌われたくなかったからです。

中学生の女の子たちは独特の残酷さがありました。みんながそっくりの制服で、トイレでも移動教室でも誰かと一緒。逆に、少しでも違うところがあれば、それに対しては異常に敏感。そして、少しでも違うところがある生徒を、仲間外れにすることが、その当時、クラスの女子生徒の中で流行《はや》っていました。仲間外れになると、トイレや移動教室に一人で行かなければならない。それでは仲間外れになっていることが誰からも明らかになってしまうし、それはとても屈辱的。その標的にならないためには、周囲と異なることをしてはいけないのです。

勉強することがファースト・プライオリティの私ですら、仲間外れは避けたかった。だから、友だちと一緒に勉強することで、自分だけが浮いてしまわないようにしたのです。

多くの人が通う予備校も私には不向きでした。そう感じたのは、大学受験を控え、東京の大手予備校の夏期講習へ行った時です。

ほとんどの大手予備校には生徒に人気のある、いわゆる名物講師がいます。私もそういう評判のいい先生の授業を選びました。その時にはっきりとわかったのは、予備校というのはあくまでもビジネスであるということです。予備校から見たら、生徒はみんな大切なお客さんなのです。

名物講師というのは、教えることは上手なのかもしれません。そして、楽しい授業をしてくれます。しかし、人気を得るために、漫談に近いような雑談に時間を使います。むしろ使いすぎます。私の印象では、授業時間の三分の一は、この種の雑談です。それは〝お客さん〟である生徒たちへのサービスなのかもしれません。

しかし、勉強にはサービスは不要です。少なくとも、私には必要ないと思いました。私は予備校に漫談を聞きに行くわけではありません。勉強しに行っているのです。だから、雑談は無駄にしか思えませんでした。それに、どんなに楽しい授業でも、それは予備校の授業というレベルにおいて楽しいというだけで、テレビで見るプロのお笑い芸人さんたちの域には達しません。

そもそも私は教師に良し悪しはないと考えています。教え方がうまかろうが、うまくなかろうが、生徒は学ばなくてはいけない。自分が主体です。勉強をするのは、あくまでも私自身です。

講師の雑談の時間、往復の時間などを考えると、予備校は、私にとっては無駄が多いと感じました。ですから、夏期講習に行って以降、予備校には通いませんでした。自宅で勉強するほうが、はるかに成果はあがると感じたからです。

周囲の目を気にせず勉強したかった

この章の冒頭でも書いた通り、私はけっして「地アタマ」に恵まれていたわけではありません。東大に入り首席で卒業できたのも、在学中に司法試験に合格したのも、徹底的に勉強した、その努力の成果です。だから、中学時代も、高校時代も、大学時代も、圧倒的にトップだったことはありません。いつも私よりも頭のいい、あるいは同レベルのクラスメイトがいたからです。

中学生の頃は、定期試験の度に成績のトップを争う男の子がいました。メガネをかけていた彼は常に勉強をしている、いわゆる〝ガリ勉〟タイプで、クラスでは「ガリベントス」と呼ばれていました。

そのガリベントスと、会話をかわした記憶は、私にはほとんどありません。でも、おたがい常に意識し合っていたと思います。

私は、ガリベントスのマインドをものすごくうらやましく感じていました。というのも、彼は周囲の視線を完全に無視することができるのです。

「ガリベントス」なんてあだ名からしてそうでしょう。思春期の男の子が、そんなあだ名で呼ばれてクラスの中で孤立して……通常の神経ならば耐えられないような事態も、彼はまったく気にしていない様子。だから、誰に何を言われても、ずっと勉強していま す。休み時間も一人で黙々と勉強しています。

私もガリベントスのように、すべての時間を勉強に充てたいと思っていました。しかし、できなかったのです。クラスで孤立することが怖かったのです。休み時間は、クラスの女子たちと群れて、あたかも楽しそうに話しながら、トイレへ行きました。勉強したい欲求を抑えて、女子生徒の会話の輪に入っていました。そこで交わされる話題に乗り遅れないように、さして興味もないテレビドラマも見るようにしていました。

当時は、中山美穂さんと木村拓哉さん主演の『眠れる森』というドラマが流行っていて、クラスの女子生徒は誰もが見ていました。『眠れる森』はミステリータッチの物語なので、クラスでは「誰が犯人なのか?」という話題で毎週盛り上がります。その話題に乗り遅れないために、私も毎週木曜日はテレビの前にいるようにしていました。

「この時間を勉強に充てられたら」

テレビの前でいつも思っていました。

そんなマインドの私の視界の隅で、ガリベントスは常に勉強しています。クラスの中で浮いても構わない。彼のそういう強靭な精神力がうらやましかった。うらやまし過ぎて、私は彼の生気を吸おうと近づいたこともあります。背後にそっと寄って、思い切り呼吸をしました。運気やマインドを吸い取ってやろうと思ったのです。それくらい羨望を覚えていました。

恋愛はフィクション、勉強はノンフィクション

恋愛は勉強の敵。

思春期の頃からずっと信じてきました。誰かを好きになると、勉強に集中できなくなります。まして相手に会おうとすると、本来勉強に充てるはずだった時間が奪われます。私はそれが嫌でした。

「恋愛をする人たちは、私とは違う価値観の持ち主」

そう考えていました。しかし、私も生身の人間です。すべて理屈で処理することなどできません。恋愛感情は理屈ではコントロールできない領域ですから。

私は、自分自身の感情を完全に支配できているという感覚が好きです。だからこそ、恋愛のようなコントロールできない感情に流されそうになると、腹立たしさを感じます。

さらに言えば、恋愛では相手がいます。そして、相手の感情は、さらに、コントロールしがたい。自分にはどうにもできない対象に、自分の心、もっと言えば人生を預けることほど、ハイリスクなものはありません。だから、私にとっては恋愛をしないほうが、合理的だと思いました。

とはいっても、誰かが気になるという気持ちを完全に無にすることは難しい。それでも好きになってしまった場合は、最低限、その人に会いには行かずに、自宅で勉強し続けることに神経を集中しました。

人には、自分の思考が支配できる領域と支配できない領域が明らかにあります。支配できない領域でもがいてもどうにもなりません。支配できる領域で努力を重ねるしかありません。だから、年齢を重ね、経験を重ねることで、できる限り自分の思考が支配できる領域を広くしていく。それを恋愛に教えられました。

恋愛はフィクション――。

私はそう感じています。現実に行われていることではありますが、相手に好かれるため、実際よりも美しい心と容姿の自分を演出します。そして、その相手との関係が終わると、一つの物語が終わる。まるでフィクションです。フィクションに人生を左右されることは、ばかばかしいとずっと思い続けています。

一方、勉強はノンフィクションです。

自分自身のリアルな人生です。

愛されたいから勉強する

「勉強で一番にならなくてはいけない」

「勉強で一番であり続けなくてはいけない」

その原動力は、私の場合、自分自身のちょっとした勘違いでした。

両親は、私に見返りを期待せずに惜しみなく愛情を注ぎ、可能な限りのすべての選択肢を与え、大事に育ててくれました。それは圧倒的な事実です。恋人や友だちは、ちょっとした感情の行き違いで、永遠に別れてしまう可能性があります。でも、親子関係にはもっと深い絆がある、と私は信じています。そして、親の愛情は、必ず平等に子どもたちに与えられなくてはならないと、固く信じていたのです。

ところが、まだ小学生のある日、そこに疑問が生まれました。

私には一つ下の妹がいます。私よりも妹のほうが、母と気が合うのではないか。ちょっとしたことから、そう思うようになったのです。そして、一度わいた疑念は払っても払っても消えません。

妹と二人でお風呂に入りながら、私は、さり気なさを装って妹に尋ねました。

「ねえ、お母さんは、私よりもあなたのほうと気が合うんじゃない？」

私は、こう思っていたのです。きっと、妹は、驚いたような顔をして、私に対してこう言うのだろう。「えっ、私は全く逆のことを思ってた！　私は、お母さんはお姉ちゃんと気が合ってると思ってたのよ」って。

そう、お互いに相手の方がうらやましく見えたりするもの。そして、私の誤解は解けて、私は永遠の安心を得られる。私は、そう信じて疑っていなかったのです。

ところが、です。

「うん。私もそう思う」

妹は表情も変えずにあっさりとこう答えたのです。ショックでした。

今思うと、本当にどうでもいいことだと思います。『若草物語』の四人姉妹だって、ベスとジョー、メグとエイミーが特に仲良し。しかし、全体として大きな愛情で結ばれています。家族ってそういうものであるはずです。

しかし、思春期の私は、被害妄想と言えるくらい感受性が強かったのです。そのときから、私は、妙なことを考えるようになりました。

「今もし日本に大地震が起きたら、私に一番に電話をかけて、私の安否を気遣ってくれるのは誰だろう?」

母は、もしかしたら妹に電話をするかもしれません。父は、私に電話してくれるかもしれませんが、もしかしたら自分の母、つまり私たちの祖母に電話するかもしれません。世界中で私のことをまず第一に考えてくれる人は誰なのだろう、という疑問は私の心を落ち着かなくしました。

その不安と戦うために、子どもの頃から勉強を続けてきました。自分自身の価値を客観的に証明できれば、誰かが必ず私のことを気遣ってくれるはずだと思っていたからです。

「私がもしもバカだったら?」

ときどき自分に問いかけます。おそらく誰も私を相手にしてくれない。その気持ちをどうしても拭い去ることができません。

「勉強では絶対に負けたくない」という思いは、「勉強で負けるのが怖い」という、より切実なものに変わっていきました。

勉強で一番でなければ、私は私であり得ない

「東大首席」は私の執着心によって獲得できたタイトルでした。

東大を一番で卒業したからといって、一番頭がいいという証にはなりません。それは理解しています。しかし、頭の良さに関する分かりやすい指標はない。だから、私は、東大で一番という形のあるものを欲しいと思いました。そして、そのために、勉強し続けました。

私と妹とは、今でもとても仲がよい姉妹です。私は妹が大好きだし、身近な人の中で、最も愛情を注いでいると自負しています。同時に、彼女は、私が頑張るためのモチベーションでもあります。私は、常に「姉」でありたいと願いました。つまり、勉強でも仕事でも常に妹に尊敬される存在でありたい。一歳の違いで、常に「姉」であり続けるのは至難の業です。だから、私は、常に背伸びし続けなければならなかったし、この人生初期の経験が、その後の私自身を強く規定しているように思います。

一方、彼女は私をまったくライバル視していません。

「お姉ちゃんは勉強ができていいな。お姉ちゃんは勉強ができるから自慢だよ」と、あっけらかんと口にしたりします。

勉強をするモチベーションに関して、小学生の頃、こんな出来事もありました。あるクラスメイトの家に遊びに行ったときのことです。その女の子の家は、友だちを入れないことで知られていました。クラスの誰も入ったことのない家に、私だけが招かれたのです。

二人で遊んでいると、その子がふと打ち明けました。

「お母さんがね、真由ちゃんだけは家に入れていいって言ったの。真由ちゃんは勉強ができるから、だって」

「私は勉強ができる子なんだ」。そのときに、私は、自負心と恐怖心を感じました。私は勉強ができるから、その子の家に入れてもらえたという自負心。逆に、勉強ができなかったら入れてもらえないんだ、私は「勉強ができる子」であり続けなければいけないんだ、という恐怖心です。

「勉強ができる子」というのが、私のアイデンティティの核でした。だから、私は、常に、いい成績を取り続けなければならないと思いました。

「あなたは女の子なんだから、東大ではなく慶応に行ったら？」

大学受験の時、母は、冗談めかして、私にこう言いました。どのくらい本気だったのかは、今でもよくわかりません。高校生の時には「そんな冗談を」と思って聞き流したのですが、今、その言葉にはもっと深い意味が込められているのかもしれないと思ったりします。

日本の社会においては、長らく、〝上昇婚〟が好ましいものとされてきました。女性にとっては、自分よりも高学歴だったり、高収入だったりする男性と結婚する。つまり、女性が結婚によって階級上昇することが、「女性の幸せ」とされてきたのです。

逆に言えば、男性の場合は、自分より高学歴だったり、高収入だったりする女性を避ける傾向が強い。

男性は、労働市場で自分の価値を高めることが、結婚市場における自分の価値を高めることにもつながります。しかし、女性の場合には、必ずしもそうではない。労働市場での価値を高めると、結婚市場での価値は、むしろ下がってしまうことすらあるのです。だから、東大に入っていい成績を収めることが、従来の「女性の幸せ」と矛盾する可能性もある。

母の指摘は、そこまで深い示唆を含んでいたかもしれません。しかし、その当時の私は、もっと無邪気で純粋でした。

勉強すること、それが自分にとって一番の幸せだと信じていました。

第二章　いい東大生、わるい東大生

「東大＝一番」ではなかった

「ああ、そうか、そういうことか……」

東京国際フォーラム・ホールＡで行われた東京大学の入学式で客席をぐるりと眺めて私は思いました。

十八歳まで、私はひたすら勉強をしてきました。ずっと、勉強の目標は東大に入ることでした。

「東大に入れば、幸せな人生を保証される」

疑うことなくそう信じて頑張ってきました。

しかし、入学式に集まった三千人ほどの一年生を目の当たりにして、現実を思い知ったのです。「東大＝一番」というのは、幻想だと。

というのも、一番が三千人もいるはずありません。そこにいるのは、おそらく全国の高校で一番だった学生ばかりです。

「ここでまた次の闘いをしなくちゃいけないんだわ」

あらためて気づかされました。

「新入生が三千人もいる」

「誰もが似たようなスーツ姿で無個性」

「かわいい女子学生が意外と多い」

入学式の間、ぼんやりと考えていました。

そんな私もありがちな黒のスーツに身を包み、無個性集団の中の一人として埋没していました。

「努力を重ねて勝ち続けても、人はどこかでつまずくんだわ」

そんなことも考えました。

小学生時代にクラスで一番勉強ができた子も、定期試験がある中学生になって少し怠けると成績は下がっていく。中学でクラスの一番でも、進学校の高校へ進んで同じ程度の偏差値の生徒が集まると相対的に順位は落ちていく。それと同様に大学へ進むとまた落ちていく。東大に入ってその原理原則を強く認識しました。

「私もここでつまずくのかもしれない」

漠然と思いました。

しかし、そういう漠然とした恐怖は、私にとっては最大のモチベーションでもあります。さらに、入学して大学生活に慣れてくると、周囲を客観視できるようになります。

「東大生はけっして特別じゃない」

五月、六月と大学生としての生活に慣れるにしたがって思い始めました。

というのも、私がどうあがいても勉強で勝てそうにない、圧倒的な存在が周囲にいなかったのです。

おそらく東大には、過去たくさんの天才がいたのでしょう。

事実、法学部には「東大史上最高の天才」と呼ばれる先生がおられました。「世の中には三種類の人間がいる。バカか、天才か、君だ」。ある教授が、学生だった頃のその先生にそう言ったというエピソードは学内でも有名でした。東大の教授からすると世の中の大半はバカに見えるのかもしれませんが、何年かに一度は「これはすごい！」という天才を輩出するのが東大。なかでも、異次元だったのがその先生だったとか。

高校時代、すでに英語の勉強は終えてしまい、ラテン語の勉強をしていたというその先生は、芸術にも造詣が深く、ドイツ語のオペラを日本語に訳したそうです。それも、正確に意味を訳しただけでなく、ドイツ語特有の韻によるリズム感を再現するため、日本語でも韻を踏んだ見事な歌詞にされたというのです。

この先生の助手論文は破格にすばらしい出来だったそうですし、日本有数の弁護士の一人は、学生時代にこの先生に会い、「彼が学者をやるなら、俺は学者だけはやめておこう。かないっこない」と決めたといいます。あの脳科学者茂木健一郎氏をして、「彼という天才を知ったことが、私にとって一つのトラウマになった」と言わせたほどの偉才です。

しかし、大学教員になってからは体調が優れないらしく、私の学生時代も休講が多いことで知られていました。私自身は授業を取っていたわけではありませんが、試しに一度、聴講してみたことがあります。しかし、授業の半分近くは前回の復習で、残りの半分もどちらかというと平凡なものでした。かつて出会った人がみな驚嘆し、称賛したという天才の片鱗はどうしても見つけられませんでした。

何か事情があって才能を眠らせているか、あるいは殺してしまっているのか、そんなふうにも見えました。その姿に、天才には天才の苦しみがあるのだろう、と思わずにはいられませんでした。

それでも、少なくとも、自分の同期には圧倒的な学生はいません。

同時に、自分が周囲よりも優れているとも思えませんでした。競争する上での優位はまったく感じられませんでした。同期はみんな同程度。その中で年次を重ねるにしたがって、グラデーションがついていくのでしょう。

つまり、同程度ならば入学後の努力次第でトップになれる。怠ければ、落ちていく。

私が入学した時の東大法学部もそういう集団です。しかも、ほとんどの学生に、勉強に対する真剣さが感じられませんでした。

「頑張ればトップになれる」

私はそう信じることができました。

教育を享受した者は社会に還元すべき

そもそも私がなぜ法学部を選んだのか。

その理由は、当時から国家公務員になろうと考えていたからです。それには、東大法学部が最短コースだと思えました。

では、なぜ国家公務員になろうとしたのか。

その理由は、相応の教育を受けてきたからです。それはつまり、社会において多くの投資を受けてきたということにもなります。自分自身の努力の結果であり、成果を上げてきたリターンとも思ってはいますが、親や社会から集中的に投資を受けてきたことは事実です。中学や高校でも、成績がいいということは、教育を周囲よりもたくさん享受してきたのです。

それならば、いただいてきた投資は社会に返さなくてはなりません。還元しなくてはいけません。漠然とではあるものの、そう思っていました。そう考えると、東大から官僚というコースが一番自然です。

「ノブリス・オブリージュ」という言葉は、投資された者や社会的地位を得た者は、その保持のために、社会的責任を負うべきだという価値観です。私はその価値観を信じていました。

もちろん、こうした思いが十代前半から確固たる信念としてあったわけではありません。しかし、信念というのは、最初は漠然としていても、徐々に輪郭がはっきりとしてくるものです。理想から始まり、少しずつ中身もともなってくるのです。

勉強も恋愛も頑張るライバルAちゃん

東大法学部では、いつも三人の学生でトップを競い合いました。Aちゃんと、N君、そして私です。入学して二年間を目黒区の駒場キャンパスで学ぶ教養課程時代、AちゃんとN君は、私にとってよきライバルでした。

Aちゃんは明らかに地アタマのいい子でした。暗記だけでなく、問題を解く能力にも優れていた。だから、数学の成績は抜群でした。東大法学部の入試では、数学は四問、そのうち一問でも解ければ合格ラインと一般的に言われています。東大入試の帰り道、Aちゃんと同じ高校の女の子が、大きな声で「Aちゃん、四問中三問も解いたの！　すごいね！」と話しているのが聞こえました。それは、私にも素直に「すごい！」と思える好成績。文科系の学部では異常なほどです。

彼女はいつも自然体でした。成績は優秀なのに、けっしてガツガツせず、自分の興味のおもむくままに生きているという、自由な感じがしました。法学部に入ったものの、在学中に開発途上国に出かけたことをきっかけに公衆衛生に興味を覚え、他校の医学部に入学しなおしたほどです。おそらく彼女は法学部の授業におもしろみを感じなかった。そして、公衆衛生に関心を持ち、医学の勉強をするべきだと感じたのでしょう。

法学部の授業がおもしろくなかったのは私も同じです。でも、もともと私は大学の授業はおもしろくないものだと思っていました。

勉強はおもしろいものではない。おもしろいからやるのではない。必要だからやるものだと思って疑いませんでした。授業なんて難しくてつまらないもの。わからないけれど、学生は予習をして、復習もして、教える側はその前提で授業をする。そういうものだと信じていました。つまり、Aちゃんと私とでは、大学の授業に期待するものがもともと違っていたのです。

そして、私が彼女に関してもっとも理解できなかったのは、自分の気持ちのまま恋愛に走ることでした。

一日は二十四時間。これは全人類に平等に与えられた条件です。私は、特に試験前は、与えられたすべての時間を勉強に充てたいと思っていました。通学の往復ですら、勉強をしようとし、そして、満員電車の中で勉強に集中できないことが不満でした。ところが、Aちゃんは、試験を翌日にひかえていても平気でデートに出かけます。しかも、着ていく服を選ぶのに相当な時間をかけたりする。その行動や判断の基準が、私にはまったく理解できませんでした。

第一章でも書いた通り、恋愛には相手が必要です。相手の感情に左右されます。つまり、自分の努力が必ずしも成果に結びつきません。

そんな行為に真剣に取り組むなんて——。

Aちゃんは明らかに私とはまったく別のベクトルで生きている女性だと感じました。それは感動的ですらありました。彼女がどんなにいい成績をとっても、彼女への嫉妬を覚えずに、彼女を尊敬できるようになりました。

自分の優秀さを試したライバルN君

一方、N君は私と同じタイプです。授業はいつも前のほうに座り、きちんとノートをとって、予習復習も怠らない典型的な優等生でした。

付け加えて言うと、彼は見るからに性格がよい好人物でした。私が頼むと、嫌な顔をせず、ノートを貸してくれます。授業でわからないところがあると、わかりやすく教えてくれます。まさしく「ミスター・イイ人」です。

彼の人のよさに甘えながらも、私の中には、彼のことをさほど好きになれない自分がいました。なぜなら、彼には人間臭さみたいなものがないように思ったからです。なんというか、彼には、影の部分がないのです。授業の進み方が速すぎる教授の愚痴を言い……無数のライバルたちを牽制し……そういうちょっと低俗なところとか、意地悪なところとか、そういうものが一切ないのです。私には人間味がないように感じられたし、また、完全無欠に見える彼に嫉妬をおぼえたのです。

「こんないい人っているのかな」

私は、彼に対して、いつもなんとなくの違和感を覚えていました。

このもやもやが解決した瞬間のことを、私は、今でもよく覚えています。

N君と私はそろって、ある法律事務所で就職面接を受けました。私は財務省を目指していました。しかし、法律家にも惹かれるところがあって、弁護士のかたのお話も聞いてみたかったのです。一方、N君は大学に残って学者になるつもりでした。

東大生で、なおかつ成績では学年で一位、二位を争う私たちは、法律事務所で大歓迎されました。コミュニケーション能力の高いN君は特に喜ばれました。

しかし、私は財務省に行くことになり、N君も希望通り学者の道へ進むことになりました。法律事務所で内定をもらっていたN君は、断るためにわざわざ足を運び、自分が学者になりたいことを説明したそうです。

最初から学者になりたいと思っていたのに、なぜN君は法律事務所を受けに行ったのか――。

「自分の優秀さがどのくらいのレベルなのか、僕は試したかった。そして、こう言ってほしかったんだ。『こんなに優秀な学生がいた。法律事務所に勧誘できなかったのは大きな痛手だ』ってね」

彼が、周囲にこう語っているのを耳にしました。

「ばんざーい！」

私は心の中で叫びました。そして、N君がとても好きになりました。確かに、N君はとても爽やかなイイ人です。しかし、彼は、決して完全無欠の人間ではない。心の中には、自己顕示欲もきちんとある。

私が好きな小説にディック・フランシスの『敵手』というのがあります。この小説で、主人公のライバルとされた人物は、犯罪行為に手を染めることまでして、主人公を陥れようとします。主人公のライバルは、地位も名誉も確立した人物でした。だから、どうしてそこまで危険な行為をする必要があるのか、私は、最後まで疑問でした。そして、物語の最後で、主人公から同じことを問われて、ライバルはこう答えるのです。

「きみはおれがこの世の中で羨望したただ一人の人間。おれはきみを堕落させたかった。強情不屈な人間がこの世にいてはならないのだ」

この言葉を聞いた瞬間に、私は、強烈に「分かる！」と思ってしまいました。この世の中に完全無欠な人間がいるなんて許せない、その気持ちってよく分かる！　そして、私は、N君の人間的な部分を知って、N君に対する嫉妬から解放されたのでした。

「優」を集めて東京大学総長賞獲得

メディアで、いつも私は「東大法学部首席」と紹介されます。では、何をもってそう言うのか——。在学中に成績の一番いい学生が、卒業式に総代として卒業生全体を代表して表彰状を受け取り、挨拶をします。そして、成績は、基本的には在学中に獲得した「優」の数で決まります。

私が総代を意識したのは、二年生を終え、三年生に上がる頃です。それまでは、東大法学部には天才が何人もいるのだろうと思っていました。

だから、一年の前期を終え、成績表を受け取った時には、驚きました。すべての成績が「優」だったからです。そういえば、大学に入ってから、授業にほとんど出ない友人が多い。そうか、大学生というのはどうやら勉強しないらしい。そこで、私は、こう決めました。

「せっかくなので『優』を集めよう！」

そして、二年生を終えて三年生になるとき、東大で言えば、二年生までの教養学部から三年生以降の法学部に移るときに、総代が現実味を帯びました。

私は入学と同時に東大首席を目指したわけではありません。最高のスタートを切れたことによって、「優を集めよう！」と思ったのです。そして、そこから徐々に首席を意識するようになったのです。

たとえばプロ野球で、年に一人くらいはノーヒットノーランを記録する投手がいます。彼らは、初回から大記録をねらって投げているわけではないはずです。おそらく、ゲームの中盤、五回、六回あたりで自分がまだヒットを打たれていないことに気づき、周囲に励まされ、終盤に向かってギアを上げていくのでしょう。

私がオール優を目指したのも、ノーヒットノーランの感覚に近い気がします。入学した当初は、「この大学で一番になりたいなあー」という漠然とした願いを持っていただけ。でも、一年を終えたときにパーフェクトな成績を収め、二年を終えてまたパーフェクトで、ならば三年、四年も、とギアを上げていったのです。

すでに書いた通り、同期に圧倒的な存在はなく、みな同程度だと感じていました。入学後の努力によって、一年生、二年生、三年生と成績に差ができ、グラデーションのように差が広がっていく。つまり、どの科目もみんなより少し余計に勉強すれば、オール優は非現実的ではありません。私は七回読み勉強法を信じて、それを行い、確実に優を増やしていきました。

四年間を終え、私が取得した単位は百六十二。そのすべてが優です。

ただ、これは私の想像ですが、優秀な上に努力家のN君もおそらくオール優だったはずです。

では、なぜ私が総代に選ばれたかというと、取得単位数と優の数が多かったからでしょう。実は、四年生の最後の学期が始まるとき、私はN君の取得単位数を数えました。おそらく私と同じでした。そこで、四年生の最後の学期で彼よりも取得単位が多くなるように、一科目追加しました。この一科目のおかげで私は総代に選ばれました。

正直な話、Aちゃんも N君も、私よりも頭がいいのではないかと思います。しかし、私は、彼らに負けるとは思わなかった。なぜなら、私と彼らとでは切実さが全く違うと思ったからです。私の場合には、「勉強ができる」というのは、苦労に苦労を重ねて手にした自分のアイデンティティの核でした。そして、生まれつきの「地アタマ」の良さよりも、苦労して手に入れたもののほうに、人は強い執着心を抱くのだと思います。

だから、私には、「勉強ができる」ことについて強い強い執着心があった。

「勝利というのは、最も優れた人のもとに訪れるのではない。勝利に対する執着心が最も強い人のもとに訪れるのである」

この経験で、私はこのことを学びました。

横綱が土俵から落ちそうな相手に「ダメ押し」する。F1の前年の世界チャンピオンが格下のチームメイトを牽制する。そういう場面で、「王者らしくない」と批判するのは間違っています。なぜなら、勝利へのあくなき執着心が、彼らを王者にしているのだと思うからです。逆に言えば、その執着心を失った時に、彼らは王座から転がり落ちるのだと思うからです。

文学部に育ちのよさを感じた

ほかの大学と同じように、東大にはさまざまな学部があります。私は法学部でしたが、もちろん、キャンパス内では、けっして多くはないものの、ほかの学部の学生との交流はあります。その中のいくつかについて触れておきましょう。

東大の全学部の中で、もっとも育ちのよさを感じたのが文学部でした。

法学部や経済学部の学生は、私も含め、言ってみれば、中産階級の発想です。つまり、大学に職業訓練学校のような意味合いを求めています。

「自分の身を立てる術を、大学で身につけなくてはいけない」

言い換えれば「手に職をつける」という意識です。社会へ出て生きていくためのスキルや資格や肩書を手に入れるために大学へ通っています。

その対極にいるのが、文学部の人たちでした。

「こんなに頭がいいのに、なんで法学部を選ばなかったのかしら？」

最初はそう感じていました。もちろん、よけいなお世話ですが。

でも、徐々に理解できるようになってきました。彼らは、なんと言うか、私たちから見ると「贅沢な人種」です。つまり、自分の生活を維持するために勉強をしようという意識が低いのです。かつて、生活に困らないブルジョワ階級が教養を学んだように、彼らは純粋な知的好奇心を追求します。日本文学や英米文学を勉強しても、それが直接的に就職にはつながりません。そこで得た知識によって、大きな対価を求めるような学生は、私が知る限りはほとんどいませんでした。

私の友人は医師ですが、十代の頃は文学部へ進んで世界史を勉強したいと思っていたそうです。しかし、彼の母親はそれを許しませんでした。文学部に進んだら就職で苦労する、という理由で息子の進路を変えさせました。

自分が言っても従わないと感じた母親は、高校の時の担任にお願いして、彼を説得してもらったそうです。そして、彼は文系から理系へと進路を変更しました。

それを聞いたとき、私は、反感を覚えました。学問を追求したいという子供の知的好奇心を邪魔するなんてひどい、と。しかし、その後の自分の行動を見て思いました。私もきっと彼の母と同じだと。だからこそ、若干の自己嫌悪のようなものが、反感につながったのでしょう。

私自身は文学部を選ばなかったものの、文学部の学生には好感を覚えていました。なにしろ彼らは、私とは全く違った存在です。私にはない美点と欠点があります。彼らは純粋で、理想主義的で、そして、少し現実離れしたあやうさがあるのです。

実は、後に財務省に入省して、文部科学省の人たちに東大文学部に近い育ちのよさを感じました。性格にゆがみがなく、素直さがある。理想主義的でもあり、ほかの省庁と比較するとロマンティストが多かったような気がします。

だからこそ、文科省の人たちは「日本の詰め込み教育はよくない」などと堂々と発言できるのではないでしょうか。

日本の詰め込み主義偏重は確かによくない――と、私も思います。ただ、詰め込み教育があったからこそ努力が報われるシステムができあがり、みんなが勉強したとも考えられます。文科省の人たちはそのあたりを意識せずに発言してしまうのです。どこか現実社会から遊離している省庁だな、と思いました。

同時に純粋で理想主義的なその姿勢に「育ちのよさ」を感じ、うらやましくも思ったものです。

フリーライターになった経済学部の友だち

経済学部には、私がリスペクトする男子学生がいました。大学に職業訓練的な意識を持つ環境の中で、彼だけは経済系のフリーライターになる道を選んだのです。

私にはおよそ理解できない選択肢で、賢い選択だとも思えません。東大に入れるほど優秀で、勉強もたくさんしてきたはずなのに、収入が不安定で、それほど多いとは思えないフリーライターになるなんて、コストパフォーマンスが悪すぎるからです。私が彼の親だったら、絶対にやめさせたでしょう。

しかし、彼は揺るぎなかった。ライターになることにも、フリーで生きることにも、躊躇しませんでした。「書く」という仕事に強く惹かれ、そして、「書く」ことで収入を得ることにプライドを持っていました。

社会に出てからも、彼とは時々食事したりお茶を飲んだりします。私を応援してくれて、時々私の本をほめる記事も書いてくれます。彼の職業の選択を私は今も理解できません。それでも、そういう選択をした彼の勇気と自由な精神を心からリスペクトしています。

ダサくてももてる東大医学部の学生

「いったい、どれくらい頭がいいんだろう？」

「そもそも脳の作りが違うんだろうな」

東大医学部の学生に対して、入学前にはそう思っていました。東大医学部志望の受験生は、予備校が主催の模試でも信じられないような成績を収めていたからです。

また、『東大理Ⅲ　天才たちのメッセージ　合格の秘訣』（データハウス）という本を読んで感じた彼らのイメージもありました。日本一狭き門といわれる東大医学部、つまり東京大学理科Ⅲ類合格者をインタビューしたこの本には、学生たちの勉強法、睡眠時間、家庭環境、友人関係、塾や予備校選び……などさまざまなことが書かれています。毎年、新入生にインタビューし、シリーズ化されていて、そこに登場する学生たちのコメントはどれも読者や社会に対して、〝上から目線〟です。

会話をかわすといつもさえまくっている。いや、ひょっとしたら、私が理解できないような表現、聞いたことのないような単語でしゃべるのかもしれない――そこまで想像していました。

しかし、入学して実際に接してみると、医学部の学生も私の理解の範囲内のふつうの人たちでした。全国の成績優秀者たちですから、もちろん頭はいいのでしょう。でも、行動や態度はふつうの若者と変わらないのです。

私が直接交流のある医学部の学生は二人だけでした。

一人は、私の友人の薬学部の女の子と交際していました。彼にとって、彼女は最初のガールフレンドで、好きで好きで仕方がない気持ちをまったく隠そうとしませんでした。照れることなく甘いメールを送っていたし、毎朝起きてこない彼女にキスをして、ラブレターを書いて机の上に置いてから出かけていたし、交際相手への入れ込み方としてはちょっと異常と思うようなレベルです。

はじめての恋人が大切なのは理解できますが、その時点では、彼女がベストな相手なのかはわかりません。比較の対象がないからです。でも、彼はそんなことを疑う様子もなく、一直線に恋愛に走り、同棲し、やがて結婚しました。

「えっ、そのまま結婚していいの？　三人くらいは付き合ってからのほうがいいんじゃないの？」

私はそう思わずにいられませんでした。もしかしたら、彼らには本人たち以外にはわからない何かがあったのかもしれません。でも、長い人生をともに歩く相手を最初の一人で決めてしまうなんて、私にはとても理解できません。彼は頭がいいはず。でも、彼の判断は私の理解できる範囲の外にありました。

もう一人、私が知り合った東大医学部の男性は、入学してすぐにイベントサークルを始めました。

「イベントサークルをやるなんて、わかりやすい人である」

というのが、周囲の彼に対する評価でした。

加えて、医学部に入学した彼の場合には、もともと超がつくほど真面目なタイプ。大学に入ってから、イベントサークルをやり、おしゃれにも気を遣い……。それでも、シャツの裾はきちんとパンツに入れる、パンツの裾はきちんと折り返す、どこか生真面目さが残るファッションは、好感が持てるといえば持てる、あか抜けないといえばあか抜けないものでした。

こういう男の子たちと出会ったせいか、私が入学前に抱いていた東大医学部への幻想はしだいに消えていきました。先ほどふれた『東大理Ⅲ　天才たち――』も、ほんとうの自分たちではないそうです。取材では、インタビュアーから「できるだけ上から目線で話してください」とリクエストされるんだとか。

とはいうものの、東大医学部、あるいは東大医学部出身者は女性には圧倒的な人気があります。弁護士とは比較になりません。弁護士になる前の研修で裁判官からお伺いした話です。裁判官のかたは声を潜めて、「経験上、女性トラブルがずば抜けて多い職種が一つだけある。そう、医者なんだよ……」と仰《おっしゃ》いました。患者のために尽くすという「聖職」であるためか、社会的な尊敬を集めているためか、とにかく驚くほど女性にもてるのです。

ただし、東大医学部は、けっしてコストパフォーマンスがいいわけではありません。卒業者のほとんどは医師になるわけですが、大学に残らない限りは東大医学部卒の優位性は発揮できないからです。

読者の皆さんは、風邪をひいたとき、あるいはけがをしたとき、院長の学歴で病院を選びはしないはずです。技術があるか、自宅から通いやすいか、話をよく聞いてくれるか、誠実そうか、そういう実質的なことで病院や医師を選択しているのではないでしょうか。

それなら、医師の立場ということでは、どこの大学の医学部を出てもほとんど同じです。死に物狂いで勉強して東大医学部に入っても、適当に遊びながらそこそこ勉強して私立の医学部に入っても、卒業後にさほどの違いはありません。

さらに、勉強ができて東大医学部を卒業したからといって、手術の技術が優れているとは限りません。手先の器用さは、おそらく偏差値とは関係しないからです。そう考えると、東大医学部のコストパフォーマンスはかなり悪いのではないでしょうか。

ところで、東大医学部には「鉄門倶楽部」という会があります。医学部出身者限定のOB会です。それで、東大医学部の学内サークルは、「鉄門」とつくものが多く、鉄門系サークルと呼ばれます。鉄門系サークルも学園祭には何かしら出店をします。そのブースは、見るからに「東大生」というタイプの男性が運営しています。しかし、ほかの大学から目が覚めるような美しい女子大生が集まっていました。しかも、その割合は東大の男子学生が1だとすると、女子大の学生が3くらい。

東大医学部の将来性という観点から、コストパフォーマンスが悪いと書きましたが、もしかしたら全然別の観点からベネフィットがある選択なのかもしれません。

学生時代の勉強量が生涯賃金を決める

学生の本分は勉強です。しかし、東大ですら、勉強をさしおいて、サークル活動や恋愛をファースト・プライオリティにする人がいることには驚かされました。そういう学生たちの発想も、存在も、私には理解できませんでした。

日本人の平均寿命は、男性が八〇・二一歳、女性が八六・六一歳（二〇一四年七月三十一日・厚生労働省発表）です。そのうちで勉強するのは、大学まで進学したとして、二十二歳まで。幼い頃はほとんど勉強をしないので、生涯の四分の一にも満たない時間です。その総決算にあたり、後の人生を大きく左右する大学時代のたった四年間を勉強しないなんて、あるいは勉強を最優先しないなんて、そんな人たちの気持ちが、私にはまったくわかりません。

「みんな勉強しないで、ほかに何をやるの？」

という気持ちで周囲を見ていました。

大学時代、アルバイトをしてせっせとお金を稼いでいる友人はめずらしくありませんでした。勉強ができるという保証付きの東大生ですから、家庭教師や塾講師をかけもちして、社会人並の収入を得ることもできました。

「けっこうお金になるよ！」

無邪気に喜んでいる学生は少なくありません。でも私は、

「そんな目先の利益に惑わされていいの？」

そう思っていました。学生時代のアルバイトで得る収入より、学生時代にしっかりと勉強をして、いい職業に就いたほうが、長期的にははるかに高収入を得ることができる。こんなシンプルなことをなぜみんなは理解していないんだろう――。私は不思議に思えて仕方がありません。

搾取する側とされる側で形成される学習塾

話は矛盾しますが、私も少しだけアルバイトはやってみました。家庭教師と小学生のための学習塾の講師です。周囲の友だちがやっていたので、自分も一度は体験したほうがいいと思ったからです。

まず、家庭教師は明らかに私には不向きでした。一人の子どもに勉強を教えるよりも自分の勉強に時間を使いたい。どうしても考えてしまうのです。アルバイトとはいえ仕

事ですから当然責任があります。自分のテストの前であったとしても、休むわけにはいきません。そこに抵抗を覚えました。

一方、学習塾では残酷なシステムを目の当たりにしました。私がアルバイトをした小学生向けの有名塾は、成績によってＡＢＣＤと四クラスに生徒を振り分けていました。そこに小さなエリート社会が生まれます。成績優秀のＡクラスの子どもたちは一所懸命勉強します。ところが、成績が悪いＤクラスの子たちは授業中も遊んでばかりなのです。

塾の経営者は、当然、Ａクラスにはコストをかけて、プロの優秀な講師を投入します。Ｄクラスは私たちのような低コストの学生バイトに担当させました。そのほうが効率よく成果が上がるからです。成績優秀者をできるだけ多く偏差値の高い学校に入れることが、塾の知名度と世間の評価を上げます。

ＡクラスでもＤクラスでも月謝は同じ。しかも、Ａクラスのトップを形成する数人は「特待生」として授業料が免除されていました。そのシステムを俯瞰して見ると、特待生の授業料分は、「その他大勢」が分担して払っていることになります。

つまり、学習塾というのは、成績が悪い子たちは成績のいい子たちに搾取されるシステムになっているのです。

「小学生のうちから搾取のシステムにはめこむとは、なんて残酷なの」

気づきました。大学生になるまで、私は常に成績優秀なグループにいました。つまり、投資される側にいました。だから、勉強をするシステムにも搾取する側と搾取される側があることを考えずに育ってきたのです。

その現実に気づいてしまうと、授業中も私の目の前でふざけてばかりいて、クラス崩壊みたいな状態になっているDクラスの子どもたちを、冷静な目で見ることなどできませんでした。遊んでいる子どもの中には、明らかに私よりも地アタマがいい子もいた。それなのに、勉強しません。

「君たち、ちゃんと勉強しようよ。投資される側に入ろうよ。君たちのお父さんやお母さんが一所懸命働いて支払っている授業料、この塾や上のクラスの子たちに搾取されているんだよ」

その言葉が喉まで出かかっては、その都度飲み込みました。子どもたちにそんなことを言っても、わかるはずがありません。私は自信を喪失しました。

「努力は教えられない」

学習塾でアルバイトをすることによって思い知りました。勉強する意志を持つ子どもに対して知識や覚える技術を教えることはできても、やる気のない子をやる気にさせることなどできない、とあの時の私は感じました。

競争する環境さえ与えれば、周囲に刺激されてどこまでも頑張る子どもはいます。私はそれでした。その一方で、モチベーションをもたない子どももいます。こちらには何かしらモチベーションを与えないと、努力をしません。そのモチベーションを与えることに関して、私はあまりにも無力でした。

社会に出てからの私だったら、何か手をほどこしたかもしれません。子どもたちの気持ちを盛り上げ、ほめることでやる気をうながし、勉強が楽しい環境を作り上げ、モチベーションを上げ、成果に導く。そういう努力をするかもしれません。でも、学生時代の私にはできませんでした。

このところ本を書くようになり、メディアの取材でエリート主義について問われることがあります。

「エリートに先行投資することが、効率よく結果をだす近道」

その場の話の流れはありますが、私はそう答えています。でも、それは私がずっと投資される側にいたから言えることです。投資されない側に置かれた時にも堂々と同じ発言ができるのか――時々そのことを思い、複雑な気持ちになります。

英米文学で勉強の楽しさを知った

学生の本分は勉強、という意味では、生まれて初めて勉強を楽しいと感じたのは大学一年の時でした。

それまでは、勉強は、人生で幸せをつかむために、一番になるために、やらなくてはいけないことだと思っていました。勉強は、つらいけれどやらなくてはいけないこと。そのつらいことに耐え続けて成果を上げる自分が好きでした。

ところが、教養課程の英米文学の授業では、思いもよらず勉強そのものの楽しさを知りました。新鮮な喜びでした。英米文学の授業で扱われた作品に純粋に興味を覚えたのです。

特に好きだったのは、トニ・モリスンの『ビラヴド』とアリス・ウォーカーの作品でスティーヴン・スピルバーグ監督が映画化もした『カラーパープル』でした。どちらも、アメリカの黒人女性作家です。彼女たちの作品から、私は、社会の中のマイノリティについて、すごく考えさせられました。

アジアで暮らしていると、アメリカやヨーロッパでは、白人がマジョリティであって、マイノリティとなる黒人との間で、歴史的にもそして現在もさまざまな差別があるという、単純な考えを持ちがちです。しかし、黒人女性作家、つまり「黒人」かつ「女性」の観点から描かれた本を読んで、私は、事態は、実はもっと複雑であると知りました。マイノリティとされる黒人のコミュニティは、実は一枚岩ではない。抑圧される側だからこそ、より弱いものたちに対する抑圧が生まれる。それが、結果として、激しい男尊女卑となっているのです。

どんなコミュニティにも、支配する側と支配される側があり、社会のルールは支配する側が形成していく。そういう不平等について、『カラーパープル』に教えられました。

モリスンやウォーカーが、なぜ作品を書かなくてはならなかったか――。

それはマイノリティだからです。マイノリティ、つまり少数派は、どんな社会でも説明責任が課せられます。

私は、彼女たちの作品を読みながら、こういう印象を受けました。主人公は一人称で「I」と言いながら、作者は心の中で「Ｗｅ」と言っているのだろう。つまり、個人の意見としてだけではなく、自分が所属する集団を代表して意見を述べているのだろうということです。

人種、国籍、職業、性的嗜好……など、あらゆるケースで、マイノリティ側は、なぜそうなのか、マジョリティ側に対して説明を求められるのです。そして、それが個人の見解だとしても、マジョリティ側は、マイノリティ全体の見解だと誤解します。

たとえば、あなたが海外の町に住んでいて、そしてその町に唯一の日本人だと想像してください。あなたの個人的な習慣や何気ない言動はすべて、「日本人とはこういうもの」と、日本人全体の民族性として理解されてしまうかもしれません。そう考えると、なんとなく、想像がつくと思います。

黒人女性作家は、自分個人の見解を自由に述べることはできず、自分たちの背後にいる集団を代表して発言せざるを得ない。だから、その発言には、その背後にいる何万人分の重みがあるように感じられました。

そして、私は、これが他人事とは思えませんでした。ほとんどの人には、何かしらマイノリティ的な部分があるのではないかと思うのです。たとえそうは見えなくてもです。自分の中にあるマイノリティ的な部分から、目を背けようとしないようにしよう。アメリカの黒人女性作家たちの作品は、私に新たな視点を与えてくれました。

東大生は2ちゃんねるが好き?

話は少しさかのぼりますが、高校時代の私は明らかにマイノリティでした。

私は北海道札幌市出身で地元の公立中学を卒業した後、東京の進学校・文京区にある筑波大学附属高等学校に入学しました。家族のもとを離れ、上京して横浜の祖母の家にお世話になり、片道一時間半かけて高校に通っていました。

高校のクラスメイトのほとんどは東京の子。北海道から来た私は常にコンプレックスを抱えていました。

「真由ちゃんは北海道の子だから、明日は休んじゃいけないんだよ」

都民の日の前日、そう言われたことがあります。教室は笑いでどっとわきました。言った男の子にはそれほど悪気はなかったのかもしれない、単純に周囲のウケをねらっただけでしょう。でも、言われた側の私はものすごく傷つきました。

そのほかにも、私が毎日のように、授業が始まってから教材を忘れてロッカーに取りに行くことも「田舎の子だから仕方ないね」という言われ方をしました。こうした一つ一つに過剰に反応してしまうのが、マイノリティです。

マジョリティは往々にしてデリカシーが欠けています。一方、マイノリティは異常なほどの感受性を持つものです。東大に入ってからはインターネットの2ちゃんねるに私個人のスレッドが立っていることを知りました。成績がよく、かつ、女性であるというのは、何らかの標的にされやすい要素をそなえていたようです。

「こういうものは読まない方がいいだろう」

と思っていました。でも、実際に気になってしまうのも事実でした。ある日、ついに、2ちゃんねるを開いてしまいました。私個人のスレッドということでしたが、その中身は、私が想像する以上のものでした。成績がいいことへの揶揄《やゆ》、性的なからかい、私がコンプレックスを感じている容姿の特徴……など誹謗中傷に近い内容がいくつも書かれていました。

「これ以上読んじゃだめ！」

自分にそう言い聞かせました。しかし、引力のように目を離すことができなくなり、どんどんカーソルを移動して、深く深く読み進めてしまいました。そして、自分でも驚くくらい深く傷ついたことに気づきました。

私が在学していた頃の東大の学生は、2ちゃんねるのようなサイトを好んで読んでいた気がします。サイトに書かれていることには根も葉もない嘘がほとんどです。でも、少しは事実も書かれている。十あるコメントのうち二つくらいは、私を身近で観察している人が書いた事実のようです。たとえば、その日の昼間、私が授業中に講義と関係のない司法試験の勉強をしていたことの克明な描写もありました。そして、十あるコメントのうち、たった二つでも事実が含まれていると、根も葉もない誹謗中傷に過ぎないと思っていた残りの八つも、にわかに事実であるかのように思えてきてしまうのです。

「両親に申しわけない」

公開の場での誹謗中傷が、家族や身近な人に見られてしまったらどうしよう、そう思うと、耐えられないような気持ちがしました。

東大生は社会で役に立たないか?

「東大生は、勉強はできても仕事ができない」

「東大生は、頭がいいだけで、融通が利かない」

という意見をよく耳にします。

東大生に仕事ができない人もいることは否定しません。でも、それは東大生に限ったことではないはずです。京大にも、早稲田にも、慶応にも、日大にも、仕事ができない人、融通が利かない人はいます。ただ、仕事ができないのが東大生だと目立ってしまう。それだけだと思います。

オフィスにいる東大出身の社員に、何かしらの作業をやらせたとしましょう。少なくとも周囲が仰天するほどひどいことは起こらないはずです。掛け算の九九を間違える。小学生で教わる漢字が読めない。書けない。社会へ出ると、そういう大人がいくらでもいることに、ときどき驚かされます。でも、そのタイプは、少なくとも東大出身者にはいないはずです。東大入試という難しい試験に受かっているということは、少なくとも一定の事務処理能力や論理的思考力があるということです。

ただし、仕事でつまずき、人生の歯車が狂ってしまった東大卒だと、ほかの大学の卒業者よりもたちが悪いかもしれません。それまで周囲の評価が高く、よって自己評価が高い。プライドが高いがゆえに謙虚な気持ちになれず、負のスパイラルにはまっていくのです。

人生は長いので、どんな人でも、いいことばかりは続きません。いくらたくさん勉強をしてきても、優秀な成績を収めてきても、仕事で失敗することもあるはずです。ときには失敗ばかりが続くこともあります。失敗が続けば、評価は下がり、その低い評価が固定化する。それは東大卒だって例外ではありません。

東大法学部を卒業して弁護士になった先輩で、まさしくそういうタイプの男性がいました。仕事でミスを重ねた彼は周囲のネガティヴな視線に耐えられず、勤めていた法律事務所を辞めました。

「弁護士という職業にできることには限界がある」

彼が法律事務所を辞めた時のコメントです。自分が機能しなかった理由が自分にあると認めることができず、弁護士という職種のせいだと主張したわけです。

彼はビジネスに方向転換をはかりましたが、人生のマイナスのスパイラルに深くはまっていたのでしょう。次々受けたビジネススクールを軒並み落ちてしまいました。

「こんなに優秀な僕が評価されないなんて、社会がおかしい」、「僕を評価しないやつはバカだ」、「見返してやる」……。

社会に対する恨みのようなものを持つことで、彼のゆがみはますます大きくなっていったように思います。

東大の卒業生は、二十代前半までずっと勝ち続けています。だから、評価されなかった時、自分を立て直す術を持っていません。自分を立て直す必要のないキャリアを歩いてきたからです。そして当然ながら自己評価が高いので、その自己評価と周囲からの評価とのギャップが大きく開いた時、受け入れることができないのでしょう。

正直に打ち明けると、私自身、自己評価と周囲の評価とのギャップに苦しむことがあります。自分に対する周囲の評価が低すぎると思うと、もちろん不満です。逆に、高すぎると思うと、それはそれで恐怖心につながります。

自分に対して周囲がどういう評価をしているのか、それが気になりすぎて、ときには、目の前にあるすべてをリセットしたくなります。幼いころ、私は、パソコンで麻雀ゲームをしたことがあります。勝てないだろうということがほぼ確実になると、いつもリセットして最初からやり直したい衝動に駆られました。

でも、同時に、別の気持ちがわいてきます。

「なんて私は幼稚なんだろう……」

自分の幼稚さに気がつきます。リセットなんて安易な方法を選ぶことは、人生においてはできないのです。周囲の評価を認識し、自分の現状を認識する。さらに、なりたい自分を思い描いて、そこに向かって苦しいながらも現状を受け入れ、こつこつと努力を重ねるしかない。そういう着実な自分を取り戻すように努めるしかないのです。

コンパでは東大女子は有料、他校女子は無料

第一章で〝上昇婚〟について触れました。東大に入って、自分の実感として感じたことがありました。

日本の社会では、女性は、自分よりも高学歴または高収入の男性と結婚し、男性は、自分より高学歴または高収入の女性を避ける傾向がある。つまり、男性は労働市場で自分の価値を高めることが結婚市場における価値を高めることにもつながるのに対して、女性が労働市場での価値を高めることは、必ずしも結婚市場における価値を高めることにはつながらない、という理論です。

これは一般論としては聞くことがありますが、「なるほど、そういうものか」と実感したのは、東大に入ってからでした。たとえば、東大のサークルには、他校の女子学生も入部します。あるときのコンパで、男子学生の会費が三千円でした。他校の女子学生は無料、東大の女子学生は千円か二千円です。

「えっ⁉」

入学して間もない頃は、今までにない扱いに思わず、声を上げました。そして、こう諭されました。「東大のインカレ（他大の学生も参加できるサークル）というのは、東大の男子学生と他の女子大の学生のためのものなんだよ」と。

卒業してからのことですが、飲み会でこんな質問をする男性がいました。

「東大首席タイプの女性と、かわいいけれどおバカなタイプの女の子、結婚するならどっちがいい？」

そこにいた男性はみな、「かわいいけれどおバカな女の子」のほうを選びました。

私は、そこに小さいけれど、確かな悪意を感じて傷つきました。「東大首席」というのは「おバカ」とは逆の意味を持つと同時に、「かわいい」とも逆の意味を持つと悟ったからです。

しかし、私は、こういう男性に対して真っ向から反論することはできません。なぜならば、私たちの側にも、彼らと同じ発想は存在しているからです。

私と同じように東京大学を卒業した女性の多くは、会社の中でばりばり働いています。同期で同じようにばりばりと働く男性が「専業主婦」と結婚するケースも多い中、彼女たちがどうかというと……。決してそうではありません。むしろ、自分よりもさらに仕事ができる男性と結婚する傾向にあります。

「仕事ができる」ところに魅力を感じて男性と結婚した場合、家事や育児の負担が増えても、仕事を犠牲にして家事や育児を分担してほしい、と男性に頼むのは難しいようです。さらに、自分も厳しい環境で仕事をしていた女性の場合には、男性の価値観が分かってしまいます。出世競争の中で勝ち抜くためには、自分の持てる力を一二〇パーセント仕事に傾けなければならない。それが分かるからこそ、「家事を手伝って」「もっと育児に真剣になって」そういう頼みごとをおいそれとは口にできないのです。そうして、結局、仕事自体をあきらめる女性は、東大卒業生の中にも意外と多い。

こういう傾向を見ると、私を含めたキャリア女性というのも、男性的な価値観を共有していても、結局、結婚観みたいなものは従来のままなのだなと感じます。私たちのほうの「理想の男性」に変化がないならば、男性の側の「理想の女性」に変化がなくても、男性だけに文句を言うことはできない。そういうふうに思います。

「東大首席」を誇る自分と「東大首席」で傷つく自分

人は自分に負荷をかけることで成長する。ずっとそう信じてきたし、今もそう信じています。だからこそ、いつも意識的にチャレンジする環境に自分を置いてきました。

中学生まで私が暮らしていた札幌には、札幌南高校という公立進学校がありました。地域の中学で優秀な成績の子はみんなそこを目指します。ですが、私は、東京の高校に進学することにしました。東京の高校を受験すると言ったとき、家族はみんな冗談だと思っていたようです。私も冗談を装いましたが、しかし、その実、かなり本気で勉強していました。

筑波大学附属高校に合格した時は、両親は驚くと同時に、私のことを心配しました。

「高校から東京へ行かなくてもいいじゃないの」

母は、私に言いました。

「大学から東京に出ればいいじゃない？　無理しなくてもいいのよ」

その「無理」という言葉に、反抗期だった私は、とても敏感に反応しました。

「無理？？？　私には無理だって言うの？？？」

そして、母にこう言い放ったのです。

「私の人生に口出ししないで！」

言った瞬間に後悔しました。この言葉が口の中に戻せたら……。しかし、口から出た言葉を戻すことはできません。

昔も今も、私が最も尊敬するのは母です。仕事を続けながら、二人の娘を立派に育ててくれました。それだけで並大抵のことではなかったに違いありません。さらに仕事で忙しかった母は、それでも娘たちのことを第一に考えて、私の日常の細々したことから人生の大きなことまで、心を砕き、アドバイスをしてくれました。なぜ、それまでの心遣いを「大きなお世話」とくるような暴言をはいたのか。気負っていたのかもしれませんが、思い出すと今も涙があふれるほどです。

そうまでして東京の高校へ進んだことで、私はけっして後戻りできない状態になりました。つまり、覚悟ができた。だからこそ、それ以降は一度も振り返らずに、努力し続けることができました。

「ふるさとは遠きにありて思ふもの
そして悲しくうたふもの
よしや　うらぶれて異土の乞食となるとても　帰るところにあるまじや」

ちょっと大げさすぎて、今考えると笑ってしまいますが、多感な高校生だった頃に、この室生犀星の詩を知って、涙を流しながら、不退転の決意を固くしたほどです。

東大に合格したのも、在学中すべての科目で優を獲ったのも、あそこまで無理して東京に出てきたのだから、それだけの成果を出さなくてはならないという気持ちからでした。母に素直に謝ることができなかったぶん、その後悔の気持ちを、逆に前に進むエネルギーに変えてきたという実感があります。

しかし、チャレンジによって獲得したものが新たなコンプレックスを生むことも知りました。

「東大首席を売りに生きる女」

「八年も前の称号で本を書いて売る女」

一度、インターネットの取引サイト、アマゾンで私の本のレビューを読んだことがあります。そのときに、書かれていた言葉でした。これは正しい事実の指摘でもあり、私のコンプレックスを鋭く突く言葉です。だからこそ、とても傷つきました。

私は、このタイトルに対する自負もあります。勝利に対する執着心が最も強い者が勝利を手にすると書きました。これは、勝利に対する意志が最も強い者とも言い換えられます。自分の意志の強さは誇りにもなります。
アマゾンのレビューに傷つく私と、自分のキャリアを誇る私。
二つの矛盾する私が共存しているのです。

第三章　いい官僚、わるい官僚

採用面接で「つまんねえ人生だな」

「つまんねえ人生だな」

秘書課長は吐き捨てるようにそう言いました。

一対一で行われた、財務省の最終面接の席でのことです。「課長」とはいうものの、財務省の「課長」はいわゆる「部長」級。実際には、財務省の幹部に当たります。そして、これが最後の面接。秘書課長室に入ったとたん、あまりの迫力に、私は彼がいわゆる「ラスボス」(最後の壁)であることを確信しました。

「これまでのお前の人生を十分で聞かせろ」

私が面接の部屋に入るなり、秘書課長は腕時計をはずしてデスクに置き、そう言い放ちました。今までにない衝撃的な面接でした。しかも「お前」と呼ばれるのは初めての経験。

出ばなをくじかれましたが、私は必死に話しました。

内容は、それまでの人生において、どんなコンプレックスがあって、それをどのように克服してきたのかということです。運動音痴でたった四段の跳び箱で骨折したこと。思春期に顔いっぱいにニキビがひろがったこと。理科の授業で、先生が月のクレーターについて、「ぼこぼことした月面はニキビのよう」と表現した時、クラス中が私を見たことは忘れられません。高校入学時に札幌から東京へ引っ越して、クラスで「田舎の子」扱いをされたこと。そして、こうしたすべてのコンプレックスの克服のために必死に努力し続けたこと……。

自分の人生を包み隠さず懸命に話しました。ところが、腕時計を確認すると、たった三分しか経過していない。

ふと顔を上げると、秘書課長は、「たった三分で話がつきるのか」という表情をこちらに向けています。そして、「つまんねえ人生だな」という冒頭の言葉を口にされたのです。正直、私にとってははじめての経験でした。もちろん、動揺もしました。しかし、実際のところ、私はこの秘書課長をどこか好きでした。その理由を考えてみて、私はこう思い当たりました。

「表面的にはどうあれ、彼は、決して私のことを嫌っていない」

そう思えたのです。

だから、最終面接の失敗に多少落ち込みはしたけれど、どこかで財務省に採用される予感がしていました。そして実際に、内定をもらえたときにも、さほどの驚きはなかったのです。

次に秘書課長に会ったのは、財務大臣主催の新人歓迎会の席でした。勘違いしてはいけません。これは「新人歓迎会」ではないのです。財務大臣の主催ということは、その場に大臣がいらっしゃる。財務省にとって何より大切なのは大臣であって、新人などはそれに比べて何の価値もないことは明らかです。結果として、大臣歓迎会は新人のための場ではなく、大臣に気を遣う場になります。

この場で、新人は一人ずつ大臣の前で挨拶をします。大臣以下、財務省のすべての幹部がそろっています。ここでミスするわけにはいかないため、かなり緊張を強《し》いられます。挨拶を終えた私は、ほっと胸をなでおろしました。秘書課長が「部長」級であることは前述の通り。財務省の幹部である秘書課長ももちろん同席しています。秘書課長が、新人に対して一人ずつ挨拶を講評していきます。私には、いったい、どんな言葉をくださるのだろう……。

「山口、一人称は〝あたし〟じゃなく〝わたし〟」

言われたのはそれだけでした。

私は、自分のことを「あたし」と言っていたようです。しかし、前の晩から一所懸命に考えて、練りに練った挨拶の内容ではなくて、「あたし」ってそこですか、と思ったのを記憶しています。

外務省不採用で大泣き

財務省に採用されるまで、私には大きな挫折がありました。

東京大学法学部である程度いい成績を収めていると、弁護士を目指すか、官僚を目指すか、選択を迫られることになります。

しかし、私は官僚を選択することに悩みはありませんでした。官僚というのは、私にとっては、子供のころからあこがれの職業だったからです。

官僚を選ぶ場合、面接日程の関係上、三つの官庁しか訪問先として選ぶことができません。そこで、私は、財務省、外務省、経済産業省の三つを選びました。選考過程が進むと、この三つのうち二つに絞る必要が生じます。そこで、私は、財務省と外務省に絞りました。

毎年、財務省に入省する人の中には、外務省と財務省のどちらからも強く誘われる人が多くいます。財務省と外務省は隣同士です。「財務省に決めます」と採用担当者に挨拶した内定者が、「気が変わると困る」という理由で、外務省が見えないように反対側の部屋に通されたという話を聞いたりします。

しかし、私は、財務省と外務省の両方から誘われて、悩むということはありませんでした。外務省は最終面接で落ちてしまったのです。

「残念ながら、今回の採用は見送らせていただきます」

人事担当のかたからその言葉を言われた瞬間のショックは、今でも覚えています。取り乱してはいけないという理性に反して、両目から涙があふれました。採用を見送られて、その場で泣いてしまう学生なんて私以外にいないでしょう。実際に、人事担当者もどうしていいかわからない様子で、結果を聞いた後は控室に戻ってから帰宅することになっていたのを、その部屋から直接帰してくれました。

涙でぼろぼろ、その顔のまま私は会場を後にしました。

「なんて私は幼いんだろう……」

外務省を不採用になった現実と、それを言われてその場でぼろ泣きした自分。二重に傷ついたまま帰途に就きました。

財務省と外務省。私は両省から請われて悩んだ末にどちらかに決め、もう一方から惜しまれつつ入省する。そんなストーリーを勝手に頭の中で描きながら、ニヤニヤしていました。しかし、その願いはあっけなく砕け散ったのです。

面接試験には出題範囲がない

今思い出すと、私の面接試験というのは、相当ひどいものでした。

「最近の日本は欧米化していると思いますか?」

「はい」

「どういったところに日本の欧米化を感じますか?」

「かつて、化粧室には和式が多かったように思います。しかし、今は洋式のほうがむしろ多いように思います」

外務省ではこんな会話を交わしました。ひねりだした例が「トイレ」というのは恰好がつかないし、そもそも、面接官はおそらく「欧米化していない」という回答を望んでいたようでした。

「外務省について、何かご質問はありますか？」

「はい。一つよろしいでしょうか？」

「どうぞ」

「外務省のトイレにゴミ箱がないのは、テロ対策でしょうか？」

「さあ、それは私たちもわかりません」

このときも、「あ〜、私、なんでこんなことを言ったんだろう」と思いました。

財務省の面接でも大きなミスをしています。

「今の財務大臣をご存知ですよね？」これは常識中の常識。もちろん、単なる確認です。

私は、自信満々にこう答えます。

「はい。田中眞紀子さんですよね」

「う、う〜ん、じゃあ、外務大臣は誰がやってるのかな？」

そこで、「う……」と言葉につまりました。そうです。田中眞紀子さんは元外務大臣だったのです。実際には、財務大臣は谷垣禎一さんでした。それを伺って、私は、「う～ん……財務大臣としては影の薄いほうですね」と、侮辱発言をして印象をさらに悪くしてしまう始末。

これらがもし一般企業の面接だったら、外務省だけでなく財務省も、確実に不採用になっていたかもしれません。百社受けたら百社とも不合格になっていたのではないでしょうか。

私は、面接試験がものすごく不得意です。

試験と違って、面接は範囲が決まっていないからです。大学入試も定期試験も、ある程度は出題範囲が決まっています。司法試験ですら、法律の範囲内での出題です。それに対して面接の範囲は無限です。その日の面接官の気分や相性によって、どんな流れになるか、わかりません。

さらに言えば、面接というのは試験とは異なって、主観的です。試験の場合には、定量的な評価もあるし、採点基準もある。どの採点官であっても、同じ評価になる工夫がされています。それに対して面接は、定性的な評価であって、面接官によって評価が大きく分かれることもしばしばです。

私は、大学入試や定期試験のためならば、努力する意欲がわきました。努力がそのまま結果に結びつく。だからこそ、試験に落ちることがあれば、すべて自分の責任だと思うことができたからです。ですが、面接試験に落ちたとしても、それがすべて自分の責任だと思えなかった。努力がただちに結果に結びつくとも思えませんでした。

とにかく、私は、面接試験のために周到な準備をする気にはなれなかったし、結果として、面接試験は苦手なままだったのです。

自分の無価値を教え込まれる

さて、この先をわかりやすく読んでいただくために、財務省のざっくりとした組織図を書いておきましょう。

大臣官房＝秘書課、文書課、会計課、地方課、総合政策課、政策金融課、信用機構課、厚生管理官

主計局＝総務課、司計課、法規課、給与共済課、調査課、主計官、主計監査官

主税局＝総務課、調査課、税制第一課、税制第二課、税制第三課、参事官
関税局＝総務課、管理課、関税課、監視課、業務課、調査課
理財局＝総務課、国庫課、国債企画課、国債業務課、財政投融資総括課、国有財産企画課、国有財産調整課、国有財産業務課、管理課、計画官
国際局＝総務課、調査課、国際機構課、地域協力課、為替市場課、開発政策課、開発機関課

私は、主税局の租税政策の調査を担当する課に配属されました。

そして、入省した翌日から、自分がいかに無価値であるかを徹底的に教え込まれることになります。

官僚というのは非常に難しい立場です。制度上、政策を決定するのは政治家です。だからこそ、官僚は政治家との関係に非常に気を遣わなければならない。ときとして、不合理なこともある、それが官僚組織です。そういうことに対して一つ一つ感情的になっていては、官僚は務まりません。

大学を優秀な成績で卒業して、自信満々で入省してくる新人というのは、どちらかと

いうと使いにくいのだと思います。理屈が通らない限り動かないというのでは、仕事になりません。さらに、「自分は頭がいい」と自任している態度というのは、鼻につくものです。そういう鼻につくプライドをすべて洗い流すために、官僚組織においては、自分がいかに無価値であるかを、新人時代に徹底的に思い知らされます。

学生時代にどれほどエリート街道を歩いてきたとしても、社会人一年目は組織にとってはコストにすぎません。何も知らず、生産性が低く、ほとんど貢献できないのです。

「山口、この書類、コピーとって」

「何枚コピーしますか?」

「適宜」

「えっ！　あっ、はい」

この連続です。「適宜」が何枚なのかは教えてもらえません。書類の内容などから推測し、場合によっては五枚、十枚、二十枚……と何通りかのセットを作って、上司の反応を見ながらどれかを渡すようにしていました。

私の同期は男性十六人に女性二人の計十八人でした。財務省での、最初のタフな一年間をともに生き延びたこの仲間を、私は今でも戦友のように思っています。もちろんライバルだという思いもありましたが、やはり、それ以上に仲間意識のほうが強かったのです。「お茶くみ行ってきます!」よく時間を合わせて、一緒に給湯室に行き、仕事の愚痴を言ったり、慰められたりしました。

同期もみな高いハードルを越え、狭き門をくぐって入省してきたエリートです。だから、中には、財務省の体制に反発する人や異論を唱える人もいました。でも、どんなに偏差値の高い大学を卒業しても、一年生は一年生。自分では何もできません。

「これ、やっておいて」

「これはどういう背景によって、どういう必要性があるのでしょうか?」

「まずやって。できるようになってから、必要性を考えたら」

上司と新人との間ではこんな会話がくり返されます。

OJT(オン・ザ・ジョブ・トレーニング)とは、要するに、企業内で教育だけを目的にした研修などはしないという考え方です。あるいは、忙しいのにそんなことしてられない、とも言い換えられるかもしれません。仕事は、まずは手を動かして、そのうち頭も働くようになる、という発想なのです。

「僕らは、保育園の先生じゃないんでね」

弁護士になってからの企業内教育訓練について、そう言われたこともありました。お昼寝している子を起こして、着替えさせて、ご飯を食べさせて、なんてことはやらないよという意味です。

こうして一年間、徹底的に無価値な存在として扱われると、多くの場合、ものすごく素直な人格がつくられます。そして、その後は与えられることをあたかもスポンジであるかのように吸収することができるようになるのです。そうした組織の理屈は理解できたものの、財務省の一年目は地獄のようにつらい毎日でした。

野田岩の鰻重を三口でかき込む

財務省一年生は、ほぼ全員寮生活です。私は新宿区の下落合にある寮に入りました。一年生には、朝の日課があります。朝刊のスクラップです。私が在職していた時は、朝日、読売、毎日、産経、日経、日刊工業、赤旗、聖教の八紙を読み、ファイルしていきました。読んでファイルするのはもちろん財務省に関係する記事だけで、社会面やスポーツ面はとばします。

一年生は冗談めかして〝家畜〟と呼ばれたりします。一年生から二年生になるときに、

〝家畜〟から〝人〟に最大出世すると。だから、一年生の仕事というのは、内容にかかわるものというより、いわゆる雑務が多くなります。書類をコピーしてどこかに届けたり、決まった内容をパワーポイントにまとめたり。

昼食は課全員そろってとります。課長が立ち上がると課の全員が立ち、ぞろぞろ食堂に向かいます。このタイミングを逃すと食事に行きづらくなるので、時計の針が正午に近づいたら、私は、たとえトイレに行きたくてもがまんして課長の動きに集中します。

食堂のメニューは、五百円くらいの定食と三百円くらいのカレーライスとラーメンです。定食は毎日、肉と魚で数種類用意されていました。ラーメンも毎日味が変わります。

財務省では、部下は上司よりも早く食べ終わらなくてはいけない、という暗黙のルールがありました。だから私は、一年生のとき、基本的にラーメンかカレーライス以外を選ぶことができませんでした。定食にすると時間がかかってしまうからです。

食券を買う列に並びながら、私は、課長が何を選ぶのかに、神経をすり減らしていました。どうか定食を選んでくださいますように。カレーライスを選んだ日には大慌てです。カレーライスというのは何より早く食べ終わってしまうもの。熱いラーメンをふうふう冷ましながら食べる時間は無くなり、否応なく、私もカレーライスを選ばざるを得なくなります。

昼食と言うと、入省前、財務省の幹部を囲んでの昼食会でびっくりする出来事がありました。財務省のトップにある事務次官をはじめ、主計局長、主税局長といった主な面々が一堂に会します。新人には、これまた大変な緊張を強いられる場面です。

その食事の前、妙な空気はありました。

「新人は食事の後に挨拶があるので、できるだけ早く食べてください」

秘書課の先輩に指示されたのですが、その時彼は、にやっと笑ったのです。意味ありげな笑みでした。そして、いよいよ食事が始まりました。その日は特別に、鰻重が届けられました。老舗《しにせ》の鰻店「野田岩」からです。

さあ、極上の鰻をいただこう。私が箸を持った、その時でした。私の目の前で、主計局長が鰻重をわずか三口で全部かき込みました。

「えっ……」

目を疑いました。唖然として眺めることしかできませんでした。

「ご飯は必ず三十回噛みなさい」

「ご飯は茶碗に一粒も残してはいけません。お百姓さんが一所懸命育てたお米です」

私は子どもの頃から、親からそう言われて育ちました。「ご飯粒を残すと目がつぶれる」とまで言われてきました。

もちろん、ご飯を残したからといって、失明するなどと信じているわけではありません。それでも、ご飯を残すのはいけないことだ、罰が当たる、という感覚はあります。そして、ごはんはきちんと噛んで食べなくてはならないという、幼いころからの教えも強迫観念のように残っていました。ですから、財務省に入ってからは、ものすごいスピードでご飯を噛むことになりました。完食するスピードは、かなり速くはなりましたが、それでも三口というのは、いまだに絶対無理な速度です。

余談になりますが、財務省には私が信じてきた「お米は一粒も残してはいけない」という教えを嘲笑《あざわら》うかのように、いつもご飯を残す先輩がいました。しかも、ほとんど噛まずにものすごいスピードで飲み込みます。いつもご飯を残す、その男性の実家が農家だと知ってびっくりしました。

「なんで、ご飯をそんなに残すんですか？　私、お米は一粒も残してはいけないと教えられて育ってきたんですよ」

恐る恐る訊ねました。

「そうなの？　でも、うちの実家には、お米いくらでもあるからね」

先輩はあっさりと言いました。

幼いころから教え込まれた、「お百姓さんのお米神話」が、音を立てて崩れていくように感じました。

深夜、給湯室の流しで髪を洗う日々

夜は上司よりも早く帰るということは、決してしてはいけないことです。十時を過ぎても、午前零時を過ぎても、ずっと仕事を続けます。財務省では、部下は上司より早く帰らないのが暗黙のルールなのです。

「お先に失礼します」

という言葉をフロアで耳にすることがないのは、上司や先輩よりも「お先に失礼」することはないからです。当然ながら、終電で帰れることなどまずありません。夕食は財務省の地下のコンビニのおにぎりですませていました。あまりにコンビニに通い詰めたので、あるときは、コンビニごはんに体が拒否反応を示すようになったほどです。

終電の時間が過ぎると、財務省用のバスで帰宅することになります。専用のこのバスは、午前零時三十分と一時四十五分、毎日二便出ていました。バスは職員寮を順番にまわって、最後に下落合の新人寮に着きます。最終のバスに乗ると、帰宅時間は午前二時三十分くらいです。

その便に乗れないことも頻繁にありました。仕事が終わらずバスを逃がすと、財務省の仮眠室に泊まることになります。女性用の仮眠室は畳敷きで三十人くらいが泊まれる広さでした。もっとも、女性職員は少ないので、いつもがらーんとしています。そこに一応パーテションを立てて囲み、布団を敷きます。布団は最近干された感じはなく、いつも湿っていて黴臭い匂いがしました。

財務省には浴室もありますが、利用できるのは午前三時まで。それを過ぎると、入浴はあきらめるしかない。でも、仕事が三時を回ることはしょっちゅうで、特に国会の会期中は、夜中三時を過ぎても答弁を準備するための仕事が続いていることは珍しくありません。

そんな日は仕方がないので、給湯室の流しで髪を洗います。流しの蛇口からはお湯は出ないので、冬でも冷水です。シャンプーはスーパーで購入したものを常備していましたが、水で洗髪するのは生まれて初めてのこと。シャンプーが水では泡立たないことも知りました。職場用のドライヤーは持っていなかったので、洗髪後タオルで拭いたら、いつも自然乾燥です。

男性職員は入浴ができない夜、タオルで身体を拭いていました。でも洗髪はしないので、泊まりが続くと髪がぺたっとなってしまう。それを見ていると、だいたいどれくらい家に帰っていないのかが分かる気がしました。

深夜に月餅のあんの色を調べる

直属の上司はハーバード出身の超エリートでした。私は彼とどうしても波長が合わず、それにも苦しみました。彼は理論派、私はというとかなり感覚的なタイプなので、おたがいつらかったと思います。

財務省は女性のキャリア官僚を育てるのが苦手、とも言われていました。もともと女性が少ないこともあり、女性の部下が甘やかされる傾向にあることが、その原因だと。それを覆すために、私の上司は、私には意識的に厳しく接していたようです。

財務省の深夜バスの一便が出発する零時三十分の直前に仕事を与えられることもしばしば。一便に乗り損ねると、二便まで一時間十五分も空いてしまう。上司のことをどんなにうらめしく思ったことかわかりません。

このかたはいつも、私に妙な課題を与えました。

「山口、小豆は赤いよね？」

真夜中に月餅を食べながら、彼はこう私に話しかけます。

「はい」

「でもさ、月餅の中のこしあんは黒いよね」

「はい……」

この時点で、どことなく嫌な予感がします。

「なぜ赤い小豆から月餅の黒いこしあんができるのか、今すぐ調べてくれないか」

私はたぶん、いやーな顔をしていたはずです。

「小豆の表面は赤いんですけど、中は黒かったりするのではないでしょうか」

面倒だし、仕事に関係ないし、サービス残業なんてもうこりごりなので、調べもせずに答えました。すると、上司はパソコンの画面を見ながら、こう言います。

「山口、この画面、ちょっと見てみて。ほら、小豆の中身の画像があった。小豆の中身って言うのは、どうやら白いんだね。小豆の中は黒ではなくて白だ。なのに、なぜ黒くなるんだろう。不思議だとは思わないかい？　どういうことなのか、調べてほしい」

頻繁にそういうやりとりをくり返しました。

「なぜ歳をとると髪が白くなるのか、調べて」

「なぜ空は青いのか、調べて」

正直言って、上司のそんな質問の一つ一つに付き合うのはなかなか大変でした。なにしろ、ものすごく疲れ切っていて、何としても早く帰りたくて、それなのに、とてつもなく忙しい深夜に話しかけられるのです。

ただ、上司は私に意地悪をしているわけではなさそうでした。むしろ善意だったのかもしれません。「財務官僚として、どんなことでも常に人を説得できるストーリーを作るトレーニング」を、私に課していたのではないかと思います。しかし、ひょっとしたら、それは私が自分に都合のいいように解釈しているだけなのかもしれませんが、トレーニングと思わなければあまりにも理不尽な、意味不明な指示ばかりでした。

国会答弁を押し付け合う

国会会期中は国会答弁の質問を受け取り、その回答をどこの担当部署が書くかという問題が生じます。割振りについて他の担当部署と交渉するのは、一年生の役割です。自分の担当部署で責任を持って答弁を書くことができないことがあります。たとえば、国会議員から「税金に関する質問」と言われて、固定資産税や自動車税に関する質問を、財務省の主税局に対する質問として持ち帰ったとします。しかし、固定資産税も自動車税も地方税。だから、財務省では答えられず、総務省で答えるべき質問です。そういう答弁を引き受けてきてしまった新人は無能扱いされます。

私も大ピンチになったことがあります。国会連絡室につめて、財務省主税局用の国会答弁の問いを作ったときです。主税局の係長に「うちでは回答できない！」と拒否されてしまいました。

「ふざけるな！」

「それでも主税局の係員か！」

「総務省に引き取ってもらえ！　引き取ってもらうまで絶対に帰ってくるな！」

さんざん罵倒され、突き返されました。

「財務省に何年いるんだ！」と怒鳴られました、財務省一年目だった私は、それを逆手にとって「まだ一年です」と返すような機転もきかず、ひたすら頭を下げました。しかし、総務省にお願いに行ったものの引き受けてもらえず、いよいよどうしていいかわからなくなりました。そして、とても情けないことですが、国会の給湯室にこもって泣きじゃくりました。

もちろん、泣いても何も解決しません。だからと言って、一年生の私には解決策を見つけることもできず、途方に暮れたまま財務省に戻りました。すると、さっき私に「うちでは回答できない！」と言った係長が答弁を用意していたのです。

彼は私を罵倒しながらも、周囲に頭を下げて自分の部署で引き受けてくれたのでしょう。助けてもらえた喜びと、どうしてひと言「答弁は用意してやる」と言ってくれないのか、という悔しさの両方の感情に挟まれて、私は立ち尽くしました。

大臣の性格で省内の空気は変わる

財務省内の雰囲気は、財務大臣が替わると、まるで別の職場になったかのように大きく変わります。

私が財務省に入った当時、第三次小泉内閣の財務大臣は谷垣禎一さんでした。谷垣さんも東大法学部出身で、司法試験も合格されています。穏健財政再建派。ずば抜けたカリスマというわけではないかもしれませんが、とても知的で、感情的になることなく、情緒的に安定した紳士でした。そして、こういう大臣の資質は、官僚にとってても大変魅力的でした。論理的に説明すれば、谷垣さんはこちら側の意向をきちんと理解してくださいます。谷垣さんが財務大臣だった時期の財務省は比較的平和でした。

谷垣さんは、どんなに分厚い資料でもパラパラッとめくるだけで内容を理解し、問題点を見つけると、的確に指摘すると評されていました。当然、あらゆる仕事がスムーズに運びます。財務省の職員は実質的な仕事に集中できるからです。

しかし、別の財務大臣のときは、財務省の雰囲気も、少し異なっていたように思います。このかたは谷垣さんとは違って、いつも怒っているようなタイプでした。

私の個人的な見解ですが、政治家としての能力も抜群で、周囲の評価も高いかたの場合には、ご自分に自信があるので、官僚の発言をきちんと聞いていただける気がします。逆に、ご自分に対して自信がないかたの場合には、反動で官僚に対して非常に居丈高にふるまう傾向があるように思います。

ある大臣の時に、国会答弁の内容を大臣にレクチャーしていたときのことです。

「文字が読みにくいな」

と大臣がつぶやかれたとのことでした。このときの大臣は比較的高齢でした。衰え始めた視力で小さな文字を読むのは、容易ではなかったのでしょう。官僚組織においては、大臣はとても偉いので、こういうちょっとしたつぶやきでも大変な騒ぎです。

「文字を大きくするように！」との指示が、国会答弁のとりまとめ課からありました。

そこで、答弁書の文字の大きさは38ポイントに変更。国会答弁用の資料もフォントを大きくする必要があります。そこで、Ａ４判の資料はＡ３判へ。答弁書はＡ４判でそろえているので、Ａ３判の資料は蛇腹《じゃばら》折りをしなくてはならない。さらに、嘘か本当か分かりませんが、もともとＡ３判で用意していた資料を、仕方なくＡ２判に変更した担当者もいたとか。これはさすがに「模造紙のような大きさの資料は、答弁の際の邪魔になる」と怒られたと聞きました。

大臣の中には、仕事のことだけではなく、食堂から運ばせたサンマが塩辛いとか、ここに置いたはずのものを動かしただろうとか、さまざまなことで感情的になられるかたもいらっしゃるとか。

大臣が感情的なタイプだと、財務省内の空気はピリピリしてくる。

そして、大臣に気を遣うあまり、必ずしも実質的とはいえない案件が増えるので、みんなが忙しくなります。

また、大臣だけでなく、副大臣や政務官の性格によっても財務省の空気は変わりました。特に副大臣や政務官が異常にプライドが高いかただったりすると、大変です。

大臣が財務省内のお部屋にいらっしゃるときには、その階にエレベータが止まったままになります。政務官の中にも、「自分が省内にいるときには、自分のいる階でエレベータを止めてほしい」という要求をされるかたがいて、困ってしまったことがあると聞いたことがあります。

また、上下関係が明確に分かるようなパフォーマンスを好まれるかたもいるそうです。こういうときには、職員はある程度、オーバーな演技を要求されるとか。たとえば、副大臣がお部屋に入ってくるとき、職員はわざわざ部屋の入り口から最も遠い片隅に控えている。そして、副大臣がお部屋に入っていらしたとたん、部屋の片隅から副大臣のもとへ「子犬のように」駆けていき「おかばん、お持ちします」と言うと、機嫌がよくなる。そんな冗談がまことしやかに語られていました。

政治家の多くは、官僚を下に置くか、ヒール役として敵に回すことで、自分が正義であるという演出をし、それによって国民の支持を受けている。何よりもまず、選挙で票を獲得しなくてはならないのでしょう。そう考えると、仕方がない面があるのかもしれません。

財務省のゆかいな面々

財務省は徹底的に男社会です。

私がいた二〇〇六年、二〇〇七年は、社会全体ではすでに喫煙者よりも非喫煙者のほうが主流でした。ほとんどの企業では分煙が始まっていて、喫煙所が設けられていました。ところが、財務省内はまるで時代に取り残された空間で、デスクで煙草を喫《す》うことも、まだまかり通っていたように思います。

なかには、ヘビースモーカーのかたもいました。その人は常に喫い続けるので、灰皿では間に合わず、1・5リットルのペットボトルを灰皿代わりにデスクに置いていると、聞いたことがあります。また、上司がヘビースモーカーの場合には、自分だけが喫うのも気まずいのか、会議の間に「君も喫煙者だろ? 喫わないの?」と勧めるとか。

怒ると灰皿を投げつける人がいるというのも、聞いたことがあります。

「ああ、この人は自信があるんだなあ」

と、灰皿投げの人に対して、私は、妙に感心したことを憶えています。よほど自分に自信がないと、人は灰皿なんて投げられません。投げられた相手がどう感じるか。周囲が自分のことをどう思うか。それらを想像したら、ふつうは灰皿に手をかけても、投げる前に思いとどまるものです。灰皿を投げても自分への周囲の態度が変わらない、という絶対的な自信があるからこその行動だという気がします。

話の途中で、デスクを叩くかたもいらっしゃいました。

「財務省の力は本当に落ちたのか！」

バーン！

「否！　私の経験では逆だ！」

バーン！

「いいか！　全国七万人の財務省職員が日本を支えているという覚悟を持て！」

バーン！　バーン！

「だからこそ、財務省職員は死ぬまで働くんだ！　いや、違う。死んでも働くんだ！」

バーン！　バーン！　バーン！

最初は過剰演出だろうと思っていましたが、日がたつにつれ、このかたの「財務省職員はこうあるべきだ」という持論が本気だということが、だんだんとわかってきました。このかたは、国家とはこうあるべき、正義とはこうあるべきということについて、常に真剣に苦悩される人だったのです。

「司法試験の勉強中、君がもっとも悩んだ論点を教えてほしい」

財務省の採用面接の際に、面接官だったこの人が私に投げかけた質問です。

その時、私は司法試験の勉強をしながら何も悩まなかったことに気づきました。それどころか、悩まなかったこと自体に気づいてもいなかったのです。この気持ちを正直に口に出そうか。「えっと、悩んだことっていうのは……」

「そうだろう。いくつもいくつも悩んだことはあると思うよ。正義はどうあるべきか、法律はどうやって正義を実現すべきか。なかでも、最も悩んで悩んで悩みぬいたような問題点を話してくれないか」

私に向けられた面接官の熱いまなざしを見て、真実を打ち明けることはやめました。

「一方の正義と他方の正義のぶつかり合いである緊急避難について、それが認められる理由やどの限度で認められるか悩みました」

仕方がないので、その場で思いついたことを答えます。すると、面接官は、「そうだよね」と大きくうなずいて、「私もね……」と自説を真剣に展開してくださいました。

その話を聞きながら、私は自分を恥じました。国家のために尽くしたいと言ってはみたものの、こういう人に比べると、私の思いはとても表面的なものであるように感じました。

灰皿投げや机叩きのように、財務省には熱いハートを持った人がたくさんいました。

「男性はみんなロマンティストなんだわ」

それがよくわかりました。

その一方で、財務省にはクールで優秀な人もいます。

驚くべきエピソードをもつ幹部もいました。その人は電話帳よりも分厚い資料をパラパラとめくって部下に言ったそうです。

「君、ブラジルの面積が間違っているよ」

確認すると、確かに一桁間違っていたそうです。

また、驚異的な記憶力をお持ちのかたもいらっしゃいました。

その人は、会議でメモを取りません。もちろん、録音装置も使いません。しかし、どんな長時間の会議でも、誰がどういう発言をされたか、一語一句違わずに一気呵成にしやべることができるのです。

「総理がこうおっしゃいました」

と言って、総理の発言内容をたがわずに再現します。

「次に学者の○○先生がこうおっしゃいました」

と言って、また淀みなく発言内容を再現するのです。

後日、正式な議事録を見ると、その内容と彼の記憶とがまったく同じなので、仰天しました。圧倒的な才能です。ただ、そのかたは、その驚異的な能力にもかかわらず、そういう人に特有の独特のオーラが一切ないことも印象的でした。

さらに言えば、再現するコメントにまったく抑揚はありません。総理が力を込めたであろう箇所でも、あえてそうしているのか、あるいはそうするしかできないのかは定かではありませんが、まったく感情を込めずに再現する。盛り上がりは一切なく、淡々として、きわめてフラット。その話を聞いていると、睡魔が襲ってくるほどでした。私の先輩は、その人との打ち合わせを重ねるうち、ついに「目を開けたまま熟睡する」という特技を編み出したそうです。

財務省では、年次が絶対的に重要です。上への意識が強く、その結果、下に対する当たりが強くなることもしばしばです。しかし、どれほど高圧的でも部下はそれに耐えます。なぜなら、逆に、部下のせいで自分が上から怒られても、絶対に下のせいにはしないで、上司は自分のところで止めてくれるものだからです。部下に対しては全面的に怒る、その代わり、上司からの怒りも全面的に受け止める。これが、財務官僚の美学でした。

官僚女子の恋愛は続かない?

財務省も一般企業と同様、基本的には週休二日制で、土曜日と日曜日は休みです。ただし、仕事はいくらでもあるので、休日出勤は珍しくありません。自主的に職場に行くこともあれば、上司に呼び出されることもあります。

重い病気で動けないというケースをのぞいて、職員は有給休暇という発想をほとんど持っていません。一度、同期の一人がインフルエンザになったことがあります。さすがに彼は一週間仕事を休みました。私たちは彼の体調を心配しながらも、そこにかすかな希望を見いだしました。「一週間休んでもいいんだな」と。

ところが、そんな光明はすぐにかき消されました。

「なんだ、一週間も休んでるのか。よく考えたら、一週間も休めるってことは、彼がいなくても仕事が全部まわってしまうということじゃないか」

彼の上司がつぶやいたのです。

一週間休んでも仕事がまわるようなら、そもそも不必要な人材だったという意味です。その瞬間に、私の背筋に冷たいものが走りました。そして、私は、休みを取りにくくなってしまいました。

恋愛もなかなか思い通りにはなりません。当時、私には交際している男性がいました。ですが、週末のデート中にも上司からの呼び出しはおかまいなく飛び込んできます。そんな時は、デートを途中で切り上げて職場へと駆けつけました。

その頃交際していた男性は私より一つ年上で、大手総合商社に勤めていました。当時の体験ではっきりわかったのは、女性が男性よりも忙しいと恋愛関係は続かない、ということです。日本の男性は、概して、女性が自分よりも忙しいことを好みません。

「最近、ほとんど会えないね」

彼からは頻繁にクレームがありました。

「忙しくて、ごめんね」

「まあ、仕方がないけれどね」

「うん……」

「この僕たちの状況を友人に話したらね、すごく驚かれたよ。よく我慢しているね、って」

そんな会話を交わした記憶があります。男女の立場が逆なら、よくあるのかもしれませんが、女性の方が忙しいと、ちょっとおかしな空気になります。

「真由は結婚しても仕事を続けたいの？」

「ええ、もちろん」

「家事はどうするつもり？」

「うーん……ある程度、アウトソースするとか？」

「僕はいいけど、僕の母はどう思うだろう？」

そんな会話もありました。

「この人、なんだかなあ」

そう感じました。「友人に驚かれた」とか「母親はどう思うかな？」とか言うのは卑怯だと思ったのです。自分の不満を、別の誰かの発言として私に伝えるのは、姑息な手段だと感じました。

「じゃあ、あなた自身はどう思っているの?」

そんな言葉が喉まで出かかりました。

「この人、ひょっとしたら、覚悟とか、執着心とか、ないかも」

とも思いました。彼はいい人ではありました。優しいし、時間も約束も守る。でも、大きな何かが足りないと感じました。最終的な覚悟の部分が。

私は、自分の決断を人に預ける人を尊敬できません。僕はこう思う、君にはこうしてほしいということを明確に言わない。僕はそうは思わないけど、誰々はこう言ったと間接的に不満を伝える。「僕は仕事を辞めてほしいとは言っていないけど、お母さんが仕事をしていたら子供は寂しいよね?」と間接的に翻意を促す。それは優しさというよりも、自分で決断すること、そしてその内容に責任を持つことを避けているだけです。そして、そういう相手に、私は幻滅を感じました。

優しさの奥にある偽善

優しい態度というのすら、手放しに歓迎すべきことではない。

そのことは社会へ出てから知りました。誰もかれもが厳しい財務省でしたが、中には私に対して常に優しく接してくれる先輩もいなかったわけではありません。

彼はおそらく性格的に穏やかで、また私が女性だから優しく接するべきだと判断したのでしょう。私は、彼から声を荒立てて怒られたこともなければ、理不尽なことを言いつけられた覚えもありません。

しかし、その種の優しさは私にとって好ましいものではありませんでした。というのも、優しい態度の中に、多かれ少なかれ自己防衛を見てしまうからです。

優しさというのは、人の持ちうる最良の資質のひとつだと言われます。しかし、ここでいう「優しさ」というのは、表面的に他人に優しく接することを指すものではありません。

表面的な優しさの向こうに、私は、ナルシズムを感じてしまいます。人は、優しくされるときよりも、むしろ優しくするときに快感を感じるのだそうです。他人に優しく接するとき、ほとんどの人は心地よさを感じるはずです。

「僕は君に対して、理性的に接しているよね。決して不合理なことは言っていないよね」

というように、私に接しながらも、自分が合理的な人間であることを確認しているかのように感じます。人は誰でも不合理なことを言うのは苦痛を伴いますし、人に嫌われたくはありません。

私がミスを犯したとき、その先輩が作業を代わってくれたことがありました。

「僕がやっておくよ」

さわやかに引き受けてくれたのは、間違いなく善意から生まれた行動だと思います。私も、はじめはその優しさに感謝しました。しかし、次第に、それだけでは満足できなくなりました。

「なんで私にやり直させてくれないんだろう？」

ミスをしたときには、自分でそれを修正する機会を与えられたほうが、嬉しいと思ったのです。そうすれば、次はミスをしなくなるでしょう。それによって、私は成長することができます。後輩がミスをしたときに、その尻拭いを自分でしてしまうと、後輩の成長する可能性を奪うことになりかねません。

さらに、優しい先輩は、職場内で高く評価されることでしょう。「後輩に優しい」「仕事ができる」……。いいことだらけです。一方、後輩のほうは未熟な新人のままの評価になるはずです。

その先輩は、彼女から、「いいわよね。あなたはいつもいい人で。その代わり、私は常に我儘《わがまま》で嫌なやつ扱いをされてるのよ」と言われたそうです。その話を先輩から聞いたときに、私は「その気持ち、わかる！」と思ってしまいました。

それを思うと、不合理な上司や先輩たちの存在は、決して新人にとって不利益だけではありません。特に私の直属の上司は恐ろしく厳しかったけれど、彼が損をしていることに気づいていました。その上司が厳しく接するほど、私は「厳しい環境で頑張っている山口さん」ということになります。

上司に思い切り叱られて、上司のほうが正しくても、周囲からは私が虐げられているかのように見えたりするのです。しかも、上司が厳しいので、私の仕事のスキルはいやが上にも上がっていきます。

そして、フェアに言えば、理不尽で不合理に見える上司というのは、実際には八割くらいは正論を言っているものです。不合理な人は意外と正しい。でも、残りの二割の不合理があまりにも目立つために、その人の存在そのものが不合理に見えてしまう。それだけなのです。

財務省のほかの課には、出張から戻った時に自分のデスクのカレンダーが倒れていたことをきっかけに、部下を呼びつけて三時間叱り続けた上司がいると聞きました。そのシーンだけ取り出して見ると、確かにひどい上司です。実際に、そのシーンが独り歩きして、不合理な人という評価を受けていました。しかし、彼と非常に親しく仕事をしていた後輩は、決して彼のことを悪く言いませんでした。

「実際には、卓上カレンダーのことだけじゃないはずだよ。カレンダーの件はおそらくその時点の現象的なことで、それまでに積み重なった本質的な原因があって部下を叱っていたんだと思うよ」と。

昔から、その人は、非常に厳しい上司として有名だったそうです。しかし、それでも後輩が彼を尊敬したのは、彼が分け隔てをしなかったからだとか。後輩や部下だけではなく、先輩や上司にもきちんと意見したし、さらに自分に対しても、ものすごく厳しい人だったそうです。

優しい先輩に対して自己愛を感じてしまうのは、私自身にそういう側面があるからです。私自身も後輩を、できるだけ叱らずにいました。後輩を叱るというのは責任を伴う行為です。後輩を叱った先輩は、後輩と同じミスをするわけにはいかない。だから、自己防衛的な観点もあって、優しくしてしまうのではないかと思っています。

官僚には協調性は必須

正しければそれでいいわけではない。

それも財務省で働いている日々で教えられました。

私の同期に、ちょっと規格外に自由気ままな男性がいました。同じ東大法学部出身。やはり三年生の時に司法試験に合格している非常に頭のいい人です。私は、在学中からの知り合いだったし、彼が好きでした。

彼の議論は常に首尾一貫していました。彼の意見自体はかなり過激なもの。しかし、そこに至る理由づけに説得力があったので、話をしているととても刺激的でした。

彼の頭のよさは抜きん出ていました。大学の定期試験というのは、特に論文形式であれば、大なり小なりその先生の主観で採点されます。だから、学生はその教科の先生の説にしたがって回答するのが一般的です。あえて採点者と異なる見解を主張する必要もないからです。

専門的な話になりますが、刑法には「行為無価値」と「結果無価値」という概念があります。ざっくりと説明すると、たとえば殺人事件の場合、何が処罰に値する「悪いこと」なのかという点について、殺したという行為に注目して、この行為を「悪」と捉えるべきだというのが「行為無価値」。一方、人が殺されてしまったという結果が「悪」だというのが「結果無価値」です。

つまり、一つの殺人事件において、行為無価値と結果無価値は、何を以《もっ》て処罰に値する「悪」とするのかが異なります。当然、二派はしばしば対立します。

現在の日本の判例は、行為無価値を前提としていると言われます。そのため、司法試験は行為無価値に立って、解答する学生が多くなります。しかし、大学の定期試験では、教授が結果無価値の立場であれば、結果無価値で解答する。そのほうが、いい成績が与えられる可能性が高い。

ところが、その同期の彼は、教授がどんな考え方だったとしても、自分の信じる考えに従って解答していました。しかも、そのハンデを負いながらも、成績は優をもらっていたのです。教授と反対の考え方で優を獲得するということは、よほど理論的で首尾一貫した答案だったのでしょう。

彼は魅力的な人物ですが、一方では協調性には欠けるところがありました。自分が受け持つ仕事を終えたら、一人だけ、さっさと帰宅してしまうのです。周囲を手伝おうという発想を持ちません。いつの間にかデスクをきれいに片づけ、姿は消えています。「トイレかと思ったら、帰ってしまっていた」というような勤務態度は、評判になっていました。

財務省には、シニカルな視点の持ち主も多くいます。それでも、素直な人が多い組織でした。上司の真意を誠実に解釈し、一所懸命努力する人が大部分だったと思います。ところが、その空気に、同期の彼はまったく同調しなかったのです。

「この人、なんで財務省に入ったんだろう?」

私には不思議で仕方がありませんでした。

一度、上司が彼に仕事と向き合う態度の改善をうながしたことがあります。唯一、彼をかわいがっていた上司でした。きっと彼の秀でた頭のよさを評価していたのでしょう。そんな思いやりある上司の忠告にも、彼はまったく態度を変えることはありませんでした。そして、職場を去りました。官僚というものに元来不向きだったのでしょう。

スピードスケートの記録とフィギュアスケートの採点。人事を大きく二種類に分けると、財務省の人事考査は明らかに後者でした。

「ヨーイドン！」でみんなが平等な条件で競争するのではなく、雰囲気のある佇まいの人にチャンスが行き、そのチャンスをモノにすることでさらにステージが上がる。スタート時点で恵まれた人はプラスのスパイラルに乗れて、そうでない人はマイナスのスパイラルにはまっていく。そういう人事考査でした。

「あの人は優秀」とみんなが思っている人は、どんどん優秀に見えてきて、そこに重要な仕事がどんどん集中していきます。逆に「あの人はダメ」と思われると、どんどんダメに見えてきて重要な仕事が来なくなります。そして、順調に見えていても、どこかで油断してミソをつけると、マイナスのスパイラルの渦に巻き込まれていって、なかなか元の軌道には戻れません。

財務省で過ごしているうちに、私は、「優秀ではない」とされる人は、本当にできないのではなくて、負のスパイラルに落ち込んでいるだけなのではないかと、思うに至りました。

ある日のこと、私は室長以上のための資料を配りました。ある室長の机に、私はその資料を置きます。その室長は、優秀とはされておらず、人事評価が低いらしいことは、私でも知っていました。その直後、私は自分の目を疑うことになりました。室長の隣の席の課長補佐が、室長の書類ボックスから資料を取って読み始めたのです。一言の断りもなく。

課長補佐は、肩書としては、室長の下です。でも、その課長補佐は、比較的仕事ができるという評価で、猪突猛進するタイプでした。そして、ある意味、デリカシーに欠ける人でもあった。室長がどんなリアクションをするかと思ったら、どこか諦めたように目を伏せ、課長補佐に抗議する様子もありませんでした。

このような出来事が続くと、室長には必要な情報が届かなくなります。結果として、省内で何が行われているか、仕事の事情にうとくなっていきます。すると、会議では、場違いで、空気の読めていない発言を重ねることになります。そして、その発言が評価につながってしまうのです。こうやって、「仕事ができない」という烙印を押されると、その評価は拡大再生産されていってしまうのです。

私は、この室長が好きでした。先ほどの態度からわかるとおり、彼は「いい人」なのです。自分より後輩にあたる課長補佐のひどい態度を目の当たりにしても、面と向かって声を荒げたりしないのです。一年生だった私にも、いつも丁寧に接してくれました。それに対して、仕事ができるとされた課長補佐は、悪い人ではないのですが、ちょっと乱暴な人。さらに、いつもとてもピリピリしていました。

「いい人」がきちんと評価されないなんて……。室長は、いつも大きなリュックサックに荷物を入れていました。職場から帰ろうとする室長のリュックサックの後ろ姿が、とても寂しげで、私はいたたまれない気持ちになったものでした。

一般企業も同じかもしれませんが、うまくいっている人はさらによくなり、うまくいかない人はさらに悪くなる。そんな社会の原理原則を見せつけられました。

優秀でも一度はラインからはずされる

出世というのは、その人の能力や評価にかかってきます。

では、どういうときに「評価」を感じるのか。財務省では、たとえば、主計局や主税局は、花形とされていました（九七〜九八ページの組織図を参照）。だから、主計局や主税局に配属されれば、一定の「評価」を感じます。特に、同期がいっせいに人事異動するときは、他の人と明確に比べることができるので、強く評価を感じられるはずです。

同期がいっせいに人事異動するタイミングといえば、最初は、もちろん新卒時の配属で、次は、入省数年後です。入省後三年くらいで、同期はいっせいに地方勤務となり、そして、また、いっせいに本省に戻ってくるからです。

ただし、人事というのは、あからさまに手の内を見せるようなことはしないいんだな、と思いました。優秀な若手であっても、常に陽の当たるポストばかりが与えられるわけではない。ときとして、まあ「閑職」とは言わないまでも、地味なポストについたりするわけです。

「将来を期待されている」と思えることは、誰にとっても頑張るモチベーションになります。逆に、「もはや見放されている」と思えば、頑張ることはできません。場合によっては、辞めてしまうかもしれません。だからこそ、最後まで、「やっぱり、本当のところ、僕は期待されているんだ」という感覚を与え続けるために、同期の中で明確な差が見えにくくするのです。

このちょっとわかりにくい人事からのメッセージをどう受け取るかで、その後の人生が大きく左右される。私はそう感じました。

ある優秀な係長の話です。彼は、そこまで大きなミスを犯すこともなく、順調に来ました。そして、主税局から政務官秘書官に異動になりました。彼に期待していたからこそ、あえて、一度、政治に近いポストに置いたとも考えられます。実際に、政治家の考え方や動き方などを間近に見ておけば、将来、幹部になって、政治家と近しく接するようになったときに、必ず役に立つはずです。しかし、本人にとっては不満でした。

政務官は、大臣、副大臣に次ぐポストです。しかし、大臣、副大臣と比べると、当選回数の少ない政治家がなることが多い。だから、大臣のように、常に重要な決定権のある役回りではありません。

政務官秘書官になると、当然、主税局にいたときと同じような仕事はできません。政策決定の中枢に関わる仕事というより、ときとして雑用に近い仕事もこなさなくてはなりません。政務官室は、秘書官を除いてキャリア官僚がいません。だから、自分と同じように残業をしてくれる部下はいない。逆に、ネットサーフィンしているような部下、仕事中なのに談笑している秘書もいたそうです。

そのような職員たちを厳しく叱ったことで、職場の空気が悪化したとのこと。そして、何より不満だったのは、係長自身が人事部から呼ばれて指導を受けたこと。僕自身は何の落ち度もないのに、という強烈な不満が残ったようです。結局、その係長は財務省を辞めることになりました。

私は、客観的な立場だったので、若いうちに政治家の考え方を学ばせようという人事の期待がそのポストに表れているように思いました。頭脳明晰だったその係長も、他の人が同様の処遇を受けたなら、同じようにその人を慰めていたと思うのです。しかし、他人に対するのと同じように、自分に対して冷静でいることは、とても難しいことなのだろうと思います。

波に乗れない時のふるまいが人生を分ける

官僚であっても、誰であっても、人は必ず、「波に乗れない時期」があります。いい時もあれば、そうでない時もある。その波に乗れていない時にどこまでがまんができるか。どうふるまうか。それが人生を分けるということを教えられました。

元係長はその後、一般企業に転職しました。しかし、そこでもうまくいかなかったようです。企業にとって重要なことは、自分の利益をいかに増やすかでしょう。ところが、財務省において重要なことは、国家の予算をどう配分するか。どれだけ頭がよくても、仕事の哲学がここまで違うとうまく馴染むことはできないのでしょう。

人は誰でも自分のプライドの扱いに苦労します。厄介な自意識をどうコントロールするかが、人生を大きく左右すると言えるでしょう。私がもし財務省に残っていて、同じような扱いを受けていたら――、やはり、がまんはできなかったかもしれません。

さて、先ほど述べたように、財務省の人事は、非常に巧みです。最後の最後まで手の内を明かしません。元係長のように、評価の高い人材を地味なポストに置くこともあれば、その逆もあります。たとえば、やる気になってもらいたい人に主査（主計官の補佐）のポストを用意する、といったこともあります。

主計局というのは花形中の花形です。官庁では対等交渉が鉄則。たとえば、相手の部署の担当官が係長ならこちらも係長、課長ならこちらも課長という具合です。

ところが、主計局の場合には、これが異なる。主計局の担当官が出れば、相手方の部署からはひとつポストが上の人が出てきます。主計局長が出れば相手の省庁からは事務次官、主計官が出れば局長、主査が出れば会計課長。自分よりひとつ目上の相手と対等に交渉する。それは主計局自体の格の高さを象徴しているようです。

だから、主査というのは、華のあるポストなのです。そして、こういう華のあるポストというのは、人をやる気にさせるのでしょう。一人一人の意欲が高いことが、組織の財産になります。

努力がそのまま報われるほど社会は狭くない

わずか二年間でしたが、財務省の仕事の中には無駄な部分もあるように感じ、最初は気になって仕方がありませんでした。こうした無駄は年々整理されているようですが、それでも依然としてあちこちに残っていました。

しかし、一見無駄だと感じることが意外にも重要なのではないか——。働くうちにそう感じることが多くなりました。自動車のハンドルも、遊びの部分がないと危険です。それに近いことを感じました。

財務省は基本的に決裁システムです。階級の下から順番に上げていって、各階級で説明があり、検討が行われます。だから、課長の決裁の際に修正された内容が、総務課長の決裁の際にもとに戻り、審議官の決裁の際にまた修正され、最後の局長決裁の際に結局もとに戻るという可能性だってあります。このプロセスについて、「無駄が多すぎるのではないか」と指摘した同期がいました。

その時、彼の上司はこのように回答しました。

「君の言う通り、確かに効率的ではないかもしれない。しかし、対政治家との関係を考えてみてほしい。ある政治家のところで、原案に修正が入ったとする。その修正が、党幹部に否定されることもある。場合によっては、党幹部の逆鱗に触れて激怒されることだってあるだろう。そういう時に、修正者である政治家が、党幹部に趣旨を説明してくれるだろうか。そうじゃないときだってあるだろう。

そのときは、我々官僚が、党幹部に修正の趣旨を説明して、納得してもらえるように努めなくてはならない。たとえ、自分たちの考えによる修正ではなくても、我々には議論を前に進めるように努める義務がある。財務省内部の決裁の過程でも、同じことが起こっているんだ。これは、いいトレーニングじゃないか」

しかし、件《くだん》の同期は納得できなかったそうです。

「そのトレーニングの成果が上がっているようには感じられません。対政治家との関係で、財務省が十分なプレゼンスを発揮しているように思えないからです」

彼はなお食い下がりました。

この件について、私はどう思ったか。

私は彼の上司の最初の発言には一理あると感じました。不合理に対して耐性をつくることには、意義があると思えたのです。

あくまで主観になりますが、それまでの私は、どんなことに対しても、必要以上に「意味」を求めてきました。勉強する意味、働く意味、恋愛にまで意味を求めました。財務省に入ってからも、上司が月餅の中のこしあんについて質問してきたら、その問いについても意味を探し求めました。

けれど、世の中には意味などないことも、実はたくさんあるのでしょう。それは、そのまま「意味などない」と認めてしまってよいのだろうと思います。不合理と知ったうえで、それを受け入れることは、個人にも、組織にも、重要だと思うようになりました。

不合理をまったく知らなかった学生時代は、勉強したら成績が伸びる、しなければ伸びない、と単純に考えていました。すべては自分の責任でした。しかし、世の中は何もかもが自分のコントロール下にあるわけではないし、何もかもが自分の責任の及ぶ範囲にあるわけでもありません。

社会は人間によって形成されています。感情もあれば、相性もある。運もあれば、タイミングもある。自分の努力が、そのまま報われるわけではない。

私は、自分のコントロールできる領域で可能な限り努力をして、成果を獲得してきました。しかし、社会へ放り出された時、その社会はちっぽけな私がコントロールできるほど狭くはありませんでした。それなのに、世の中のすべては合理的なはずだと考えて、意味を見つけようとし、そして、成果が出ないのは自分の責任だと考えるのは、負いきれない負担を背負うことになります。

財務省を辞めた理由

私は財務省という職場が大好きでした。充実したキャリアを積ませていただいた、と辞めた後も思い続けています。

つらいことはたくさんありました。特に直属の上司の厳しさといったら、それまでもその後も体験したことがないレベルで、毎日歯を食いしばっていたし、涙をこらえることもしばしばでした。

それでも、どこかリスペクトしている自分も感じていました。社会には不合理があることも、身を以て理解できました。

では財務省の人たちは、政治や官僚組織という不合理と向き合いながらも、なぜみんな十分な睡眠もとらずに頑張れるのか——。

名誉や階級への欲求だけでは説明できません。ともに働くとわかってきます。財務省内でどんなに献身的に働いても、必ずしも報われるというわけではありません。自分の仕事が評価されないこともあれば、昨今の風潮ですが、官僚という仕事自体が評価されないこともあります。みんな、そのことに気づいているはずです。

財務官僚のキャリアは、ほとんど東大卒で、それまでエリート街道を歩いてきた人ばかりです。学校でも、生まれ育った地域でも、ずっと周囲から褒められ続けてきた人たちばかりだと思います。ところが財務省に入ったとたん、まったく別の扱いを受けることになります。上司に罵倒され、政治家に罵倒される。厳しい競争にさらされ、勝者の数よりも敗者のほうが圧倒的に多い環境に身を置くことになる。

また、経済的に恵まれているかというと、そうでもないのです。

給与は確かに低くはありません。でも、一日のうちのほとんどの時間を仕事に捧げています。一年のうちのほとんどの日を仕事に捧げています。

時間外労働だけで一か月に三百時間をカウントしている人もいました。単純計算で一日平均残業だけで十時間。日本では、健康障害のリスクが高まるとされる基準を「過労死ライン」としています。それが一か月あたりの時間外労働八十時間です。

それと比較すると、三百時間がいかに過酷で壮絶なものか、おわかりいただけるのではないでしょうか。眠る時間はほとんどなし。食事も、エネルギー補給のためにかき込むという作業以上のものではありません。

もちろん、三百時間分の残業代がつくわけはありません。ほとんどが、いわゆる〝サービス残業〟。月三百時間の残業をする人に、唯一許される特権、それは、目上の先輩からの電話にレスポンスしなくても許されるというもの。上下関係が厳しい財務省においては、入省時期が上の先輩はそれだけで偉い。自分の離席中にお電話をいただけば、席に戻り次第、速攻で掛けなおすのが常識。そんな階級社会の財務省で、この特権はきわめてレアケースです。

しかし、そうはいっても、月三百時間の残業に値する特権といえるかというと……。

こんな財務省職員の給与を時給換算すると、ものすごく低い金額です。私の在職中に実際に計算してみた人がいましたが、ファストフード店の学生アルバイト代よりも安いことがわかりました。

大蔵省の時代には、善し悪しはともかく、天下りがありました。天下りを肯定するわけではありませんが、若いころは低賃金で国家のために働き、そして定年退職の後に天下りをする。これによって生涯賃金として一定の公平を保っていた側面もあるのではないでしょうか。でも、いまや天下りは社会問題となり、天下り先の企業はどんどんカットされています。つまり、財務官僚というのは、世間で思われているよりもはるかに見返りの少ない職業なのです。

「なにをモチベーションに、こんなに頑張るんだろう?」

私はいつも不思議に感じていました。

やがてわかったのは、官僚たちが心の奥底で、日本の財務状況を常に憂い、「何か自分にもできるはずだ!」という強い信念を持ち続けていることでした。

「国の財政規律について傍観者であってはならない!」

明確な意志を持っている。覚悟や執着心があるのです。

では、私自身はどうなのか。このことに関して、そこまでの熱量を自分の中に見つけられないのではないかという疑問がありました。そして、それに気づいてからは、ずっと心苦しい状態で仕事をしていました。

私だって、この国の財政規律に対して何かをしたいという、使命感を持って入ったはずです。しかし、私の正義感というのは、周囲の人に比べると、浅はかなのではないかと思いました。なんというか、周囲の評価とか経済的な見返りとかいろいろな要素がある中で、人が本気で働けるかどうかは、結局その仕事の価値を心の底から信じられるかどうかにかかっていると気づいたのです。

「国家に神を見るか」。つまり、自分が尽くしているこの国という存在が、自分が全力をかけて信じる対象になっているかどうか。それに対する、私の答えは「否」でした。日本の財政に対して強い覚悟や執着をもてない自分が、いてはいけない組織だと感じました。

投資だけ受けて辞める負い目

財務省を辞める時には、たくさんのかたがたと面談しました。在職中は厳しかった上司や先輩ばかりでしたが、実はみんな心が温かく、辞める理由を一人一人に説明し、挨拶することに心を痛めました。

「企業法務の弁護士の道に進みたい」

というのが財務省を辞める理由として話したことです。もちろん、嘘ではありません。実際にそうするつもりで、企業法務を主に扱う法律事務所に勤めるべく転職活動もしていました。そんな身勝手な私に対して「財務省に籍をおいたまま、司法修習に行けるように配慮しよう」とまで言ってくださるかたもいました。それでも、自分の決心は変わりませんでした。

理解派と説得派。私が直接お話をした上司や先輩は、二つのタイプに分かれました。辞めることを話すのがもっとも怖かった一人、財務省の最終面接で「お前の人生を十分間で話せ」と言った秘書課長は、意外にも理解派でした。私の話を黙って聞いてくださったあと、一言、

「残念だ」

それだけ言って容認してくれました。私はただただ頭を下げました。

「君には期待していた。君を採用した日のことを覚えているよ。君を主税局に配属する時、優秀な人材を送るから、と主税局の幹部に電話したんだ」

その言葉に、私は不覚にも瞳を潤ませました。

就職の時にお世話になった企画官に長い手紙をつづると、すぐに国際電話がかかってきました。

「君が手紙までくれたということは、よほど固い決心なんだろう」

そう言って理解を示してくれました。そのかたは、今でも年に一度食事に連れて行ってくれます。

一方、説得派とはくり返し面談をしました。すごく親身になって引き止めてくれた上司には、ただただ恐縮するばかりでした。

「本気か?」

「はい」

「弁護士なんて、口八丁手八丁というじゃないか。君は本当にやれるのか? 大丈夫か?」

「はい」

「うーん……」

会話を交わした後、長い沈黙が続きます。ひたすら無言の時間が過ぎていきます。

その人は私が財務省を辞めることは、組織や自分のためではなく、私にとってよくない、と心の底から思っていました。だからこそ、なかなか納得してくれません。

辞めることについて、私ははっきりと負い目を感じていました。私の財務省在籍はわずか二年。組織にとっては投資している時期に辞められるのです。私は投資だけを受け、それを組織に還元することなく、財務省にとってのコストのまま去っていくのです。そこを指摘されたらどうしよう。嫌味を言われたらどうしよう。私に弁解の余地はありません。その時は、ただ「すみません」と謝ろうと決めていました。

ところが、そのことを指摘してくる人はいませんでした。理解派と説得派の二派はあるものの、最後はほとんどの人が優しく送り出してくれたのです。

財務省は基本的に「出て行ったものは許さず」というスタンスの組織だと思っていました。事実そういう組織なのでしょう。しかし、個人としては、みんな温かい人たちだということが身にしみました。

第四章　いい弁護士、わるい弁護士

専門職はミッション

この章について、最初におことわりしなければいけないことがあります。

弁護士という仕事は守秘義務があります。職務上知ったことを他言してはいけないという法律上の義務です。そのため章を通して抽象的な表現が多くなることを、ご容赦ください。

法律事務所は、当時の四大法律事務所をはじめ、企業法務を手掛けている大きなところはひと通り面接を受けました。

そして、あくまで私の主観ですが、訪ねた中でもっとも品性を感じた事務所にお世話になることにしました。弁護士が約三百五十人、従業員が約六百人という事務所です。

面接を受けた中で、そこだけが、弁護士の仕事がどれだけ儲かるとか、パートナーとして出世したらどれだけの収入を得られるかとか、そういうお金の話をしなかったのです。

どんな就職も転職も同じだと思いますが、人間同士のいい関係が築けてこそ仕事が成立します。法律事務所は特に人間関係が重要です。家電や食品のメーカーのように商品を売買するのではなく、人間同士が直接向き合って知恵を絞る仕事だからです。

また、これは私の考え方ですが、プロフェッショナルの仕事というのは、ある種の「ミッション」であることを忘れてはならないと思います。

もちろん、生活できるくらいの収入がないと困ります。でも、それが経済的に見合おうと見合うまいと、社会的な意義があるからやる。必要とされているからやる。それが、弁護士や医師のような、人の人生や命に深くかかわっている職業の基本的なスタンスだと思っています。

弁護士も医師も、顧客や患者との間で結ぶのは、売買契約などではなく委任契約です。委任契約というのは、民法上、特殊な契約です。まず、受任するほうは委任するほうに比べて、圧倒的な知識があることが前提となっています。だから、受任するほうには幅広い裁量が認められます。さらに、民法における委任契約は無報酬が原則で、簡単に終了させることができます。これは金銭関係ではなく、信頼関係で結ばれた契約であるという証です。信頼がなくなれば、契約も終了するのです。

もちろん、そうした理念が実態としてほとんど崩れていることは、十分に理解しています。でも、心のどこかでミッションだと思っていることは、仕事の質に大きく関係するだろうと思います。

また、転職する際、体育会系の匂いがする法律事務所も避けました。チームで力を合わせて戦おう、というマインドが苦手だからです。私は個人で仕事をするのが好きです。少なくとも自分自身は自分でコントロールできる可能性が高い。チームで働くと、どうしても自分でコントロールできる領域が小さくなってしまうように思うのです。財務省で働いて、自分でコントロールできない世界のあまりの広さに愕然とし、そこで社会の仕組みを知ったと思っていました。しかし、それでも学生時代のように、自分で勉強をして自分でその責任も負う、という体験から抜けられないのでしょう。

頑張って遅くまで働くという体質も、私にはだめです。私自身は財務省時代から、遅くまで、つまり長時間働いてきました。しかし、それは「頑張ろう！」というスピリッツではなく、遅くまで働くことそのものが好きなわけでもなく、学生時代の勉強と同様、長時間やらなければ成果を上げられないからです。短時間で成果を上げられるならば、そのほうがいい。人よりも時間がかかることを恥ずかしく思っていましたし、コンプレックスさえ感じていました。だから、財務省時代は自分の残業時間を少なく申請していたほどです。

お客様の存在を初めて知る

思えば当然のことなのですが、法律事務所でお世話になって初めて、「お客様ありき」というスタンスを知りました。

私が入った法律事務所には、パートナーとアソシエイトというポジションがあります。パートナーとは、企業でいえば役員のような立場といえるでしょうか。自分で仕事を得て、事務所内でチームを作り、報酬を受け取ります。アソシエイトは、企業でいえば社員の立場です。

私はアソシエイトの一人として、M&Aから訴訟まで、あらゆる案件にかかわりました。新人なので仕事は断らず、パートナーから声がかかれば、何でも引き受けるように心がけました。その仕事で、私ははじめて「お客様」の存在を知ったわけです。

財務省時代は、仕事は少ないほうがいい、というのが原則でした。すでに睡眠時間も確保できないほど忙しいのだから、それ以上増やすな、という考え方です。さらに言えば、残業も全部つけられるわけではないので、これ以上の仕事をしても経済的に得するわけですらないのです。だから、傲慢ともいえる態度で相手をあしらうこともあります。できないことは「否」と言えばよかったのです。財務省では、国会答弁を書く仕事を受けてきてしまう新人は、上司に無能扱いされました。

それに対して、法律事務所では仕事は多ければ多いほどいい。理屈としてはわかっていたものの、実感として知ったのです。

法律事務所では、お客様の問い合わせについて、それが対応できない案件だったとしても、無下には断らないのが原則です。できないのなら、なぜできないのかをわかりやすく説明し、ほかにできることを提案しなくてはいけません。

書類の提出のために財務局へ行くこともありました。財務局について、私はかつて、財務省の下部組織であるかのような見方をしていました。財務省にいたときには、財務局に対して問い合わせをするときも、どこか強気だったと思います。でも、立場が変わると、今度はこちらが適当にあしらわれる側になりました。

また、「問いを疑う」ということも初めてでした。クライアントからの質問を受けた場合に、その質問内容が適切かどうかをそもそも検討するようにと教えられたのです。学生時代の試験はもちろんですが、財務省でも、自分に与えられた問いは正しいという前提で、常に回答を考えてきました。しかし、法律事務所では、質問が正しい理解に基づくものか、長期的な展望を考えた場合にその質問に答えることに意味があるのか、などを考えさせられました。

ところで、事務所の就業形態は自由でした。極端な話、朝六時に出勤して午後明るい時間に帰宅しても、昼に出勤して夜遅くまで働いてもいい。自分の責任をきちんと果たし、やるべきことをやればいいのです。

クライアントの不幸に慣れてはいけない

法律事務所で働くうちに、企業法務にはある種の「センス」が必要だということが身に染みてわかりました。たとえば、M&Aにかかわった時に、感覚のいい弁護士は、その案件の着地点をすぐに察します。

多くの場合、それは自分の側だけに有利になりすぎない落としどころです。自分側と相手側の譲歩できるギリギリのエリアを的確に判断し、そこへと導いていきます。いわゆる「ウィン・ウィン」の状態にもっていくのです。

より具体的に言いましょう。A社とB社が合併、あるいは提携する場合、それぞれの望むものを明確に理解し、そこを目指します。A社が利益優先、B社が名誉優先ならば、それぞれが利益と名誉を得られるように物事を運ぶわけです。結果的には、どちらも嬉しいウィン・ウィンとなります。

その過程で、相手側の弁護士のスキルが低いことがわかっても、弱点を指摘したり、すきをついたりするようなことはあまりやりません。おたがいプロとして尊重し合い、仕事を進めます。

一方、民事であっても訴訟はつぶし合いです。相手とその弁護人を野蛮なほど徹底的につぶしにいきます。相手側もこちらをつぶしにきます。

こうした仕事の中で、私が思う理想的な弁護士の輪郭が徐々に見えてきました。

医者も同じですが、弁護士というのは、その職業柄、クライアントの人生においてとても大きな問題が起きた時に依頼する相手です。相続のように人の死にかかわること、離婚や親権のような人との関係にかかわること、借金のようなお金にかかわることなど、重要かつデリケートな問題で頼る相手なのです。

しかし、弁護士にとっては、クライアントの問題はものすごくたくさんある事例の一つにすぎません。似たような案件にすでに何度も携わっているはずです。クライアント本人の借金苦による自死ですら経験済みかもしれません。

それでも、相手に対して「私にとって、これはたくさんある事例の一つ」という態度をけっして見せない弁護士が私の理想とする弁護士像です。

「ああ、昨日も同じような訴えを聞いたなあ……」

たとえそう感じても、たとえ似たようなケースを既に経験済みでも、慣れきっているという態度をとらない弁護士を、私はリスペクトします、私自身にもし問題が起きた場合も、そういう弁護士に依頼したいと思います。

その一方で、特に個人法務の場合、クライアントに寄り添い過ぎないこと、ある一定の距離を維持し続けることも大切だと感じました。

クライアントの感情に同調しすぎない

訴訟の当事者と同じ感情レベルで話すタイプの弁護士は、意外と少なくありません。

そして、そうしたタイプの弁護士を好きな依頼者も結構多いのです。しかし、クライアントに同調しすぎる、入れ込み過ぎる弁護士はかえって質の高い仕事ができないのではないでしょうか。

「頑張りましょう！」

「勝ちましょう！」

そう言ってクライアントと一緒に怒ったり泣いたりする弁護士を、私はかなり罪深いと感じました。客観性が失われると、説得力のある書面も書けなくなります。クライアントがこだわっていることが、法律上重要な争点とは限りません。また感情的な訴えが、そのまま裁判所に響くとは限りません。

ただし、だからといって、もちろんクライアントにきちんと対応しなければならないので、近づいたり、俯瞰して見たり、おたがいの距離感や向き合い方を上手にコントロールできるのが、優秀な弁護士ではないでしょうか。

では、私自身はどうなのか。

距離感をとるのはけっして得意ではない気がしました。エモーショナルな相手に対して、共感しすぎたり、逆に、反感を持ってしまったりすることなく、冷静かつ親身な態度を維持するというのは、並大抵のことではありません。

「これはお金の問題ではないんです！」

クライアントがそう言った時、私はきっと「お金の問題でないならば、相手から提案された和解金、釣り上げようとせずに、そのまま受け入れればいいんじゃないですか」という顔をしてしまうと思います。

波をじっと待つ勇気

財務省時代について語った前章で、波に乗ることの大切さに触れました。法律事務所でもそれは同じです。

その職場で優秀だと思われている人に仕事が集まるのが常です。そして、チャンスをものにすることで、プラスのスパイラルが生まれ、さらに優秀だと思われるようになります。あるいは、最初は優秀なイメージだけだったのが、実質が伴って、評価は加速的に上がっていきます。

しかし、どこかでミソをつけて、仕事ができないイメージを持たれてしまうと、そこにマイナスのスパイラルが生まれます。そして、実際よりもダメなイメージが上乗せされていきます。

やはり第三章でフィギュアスケート考査について述べましたが、見栄えがいい、つまり仕事ができるという評価を得ると、複数の案件が集まってくるため、仕事を選択できます。条件のよくないもの、不得意なものを避けることができます。当然、成果を上げる確率がぐんと上がるわけです。

そして、引き受ける場合も、仕事ができるという評価を手に入れていると、有利な条件で参加できます。

「僕は複数のプロジェクトに参加しています。この案件にすべての時間を費やすことができません。それでも、僕を参加させますか？」

という姿勢で臨めるのです。

波に乗ることができる、つまりプラスのスパイラルで上がって行くためには、実力はもちろん、運をとらえることが必要だと思いました。

プロ野球の中継を観ると、よく「甘い球、勝負球を逃さない」というコメントがあります。でも、仕事の勝負球はいつ来るかわかりません。だから全球に全力を尽くすか、勘がいいか、運がいいかが生き残る秘訣です。自分の部下には優秀な男よりも幸運な男を選びたい、とナポレオンは言ったそうです。運というのも、非常に大切な要素です。運をつかめるかどうか、その基本は度胸があるかどうかに左右されるのではないでしょうか。なかなか波が来なかったときに、度胸のある人はじっと待つことができる。さらに賢い人は、波が来た時のためにじっくりと準備をすることができる。法律事務所の優秀な弁護士を見ていてわかってきたことです。

マイナスのスパイラルにはまる

この運をつかめるかどうか、ほんのささやかなことが、振り返ってみると大きな分岐点になることがあります。

それは、クライアントである企業の契約書を直す作業を行っていた時のことです。「相手に故意また重過失があった場合、こちらが免責される」

契約書に書かれていた一文が、気になりました。「重過失」の「重」を除くべきだと思ったのです。法律的に「重過失」というのは、ほとんど「故意」に近いほど、大きな過失という意味です。だから、それよりも程度の低い「過失」でも免責される一文に直したほうがいいと判断しました。

しかし、上司は私の意見を流しました。

「〝故意または重過失〟というのは契約書にはよくある一般的な書き方だから、直さなくていいよ」

この時、私はもっと食い下がるべきでした。納得できていなかったからです。でも、納得しないまま、上司の意見を受け入れてしまいました。まったくの言い訳になりますが、この時複数の仕事を並行して行っていたので、「まあ、いいか……」と思ってしまったのです。

その結果、「故意または重過失」のまま契約書が作成されました。

しかし、その契約書について、クライアントからクレームが入りました。

「〝故意または重過失〟という記述をそのままにしたのは、そちらの見落としです」

そう指摘されたのです。この件は、私のミスとして処理されました。上司は私とのやりとりを忘れていたようです。

「あそこ、直しておけばよかったね」

怒られるわけでもなく、さらりと言われました。

反論したい気持ちを私はぐっと抑えました。ここで騒ぐのは見苦しいと判断したからです。上司に意見を言い、「直さなくていい」と言われ、納得していなかったにもかかわらず、「まあ、いいか……」と食い下がらなかった自分を思い出しながら。

あの局面で、強引にでも契約書の一文を直していたら、という思いをひきずってしまいました。

「あそこできちんと契約書を作成できていたら、山口さんの評価が上がって、あの会社の案件をもっと引き受けられたのにね」

さらに上の立場の上司に言われた言葉が、胸に刺さりました。

出来事そのものよりも、「私は一〇〇パーセントの努力をして、それによって評価を受けたわけではない」という不満の感情が私の中に生まれたことが、問題だったように思います。

大手法律事務所から留学へ

私自身は、企業法務という仕事をやりがいがある有意義な仕事だと思っています。しかし、企業法務の主題となるビジネスの分野を、頭では理解できても、心底理解することはできないかもしれないと思いました。

この世の中には、ものすごく大きく分けて、二つのタイプの人がいるのではないかと思います。一つめは投資によってリターンを得る人、もう一つは労働によって対価を得る人です。前者の所得は金融所得ともいわれ、後者の所得は勤労所得ともいわれます。前者の場合には、投資がゼロになることもありますが、逆に何倍にもなることがあります。しかし、後者の場合には、自分が働いた時間に見合った対価しか受けられません。どれほど優秀な人であろうと、一日は二十四時間しかないので、おのずから収入には限界があります。

そして、「ビジネス」というのは、本来は前者の考え方に基づくものなのではないか、と私は思いました。ある市場を開拓する、そしてその市場に投資をする、さらにその市場を拡大させて、何倍ものリターンを得る。

そして、私自身は、「ビジネスマン」にはなりきれないと思います。自分が後者のタイプの人間だからです。これは、もはやいい悪いの問題ではなくて、価値観の問題です。

この価値観は、おそらく自分が育ってきた環境によって作られたのだと思います。私は中産階級の出身です。私の父親が医師であると言うと、「恵まれた家庭」であるかのように扱われることもあるし、実際、小学校まで、私もそう思っていました。

しかし、貴族の上流社会を描いた海外ドラマを見ていたとき、「私も大きくなったら、こういうふうに暮らせるの?」と父に聞いて、「そうではない」と教えられました。「資産を持っていて働かないで暮らせる上流階級とちがって、私たちは働かないといけない」と。そういう父はどこか誇らしげでした。

父は自分の仕事を、単に金銭のためにやるものとは考えていなかったのだと思います。医者と患者の関係を、単なる経済的な関係と考えずに、信頼関係と考えていました。だから、働かずに収入を得る方法を考えるよりも、労働そのものにやりがいを見出していたのだと思います。時代や土地柄もあったかもしれません。

こういう価値観は、私の中にも深く根づいています。私は、父のお給料の額を知らないし、子供のころ、家でそういう話が出たのを聞いたためしはありません。

なんというか、報酬とか給料とか、そういうお金の話をすべきではないと教えられてきました。正直、金銭の話はものすごく気になりますが、だからこそ、それをあけっぴろげに話すことにはとても抵抗を感じます。

ビジネスの世界で語られるお金というのは、もっとずっとドライなものでした。投資に対するリターンを明示するのは、当然のことだからです。労働の対価として、私が知っていたお金の話と比べて、もっとずっと金額が大きく、もっとずっと複雑怪奇なお金の話は、「マネーゲーム」と言われるとおり、どこか現実感がないものに感じられました。

ビジネスマンの感覚に近ければ近いほど、企業法務の弁護士としての価値が高いとしても、私は、その色に染まりきれないかもしれないと思いました。

ファーストキャリアとして財務省を選んだ理由について、私はこう説明してきました。「財務省を辞めて弁護士になることはできる。その逆の道はないから」

あるとき、弁護士の先輩に、それは間違っていると指摘されました。ファーストキャリアで弁護士を選ぶか否かはとても重要である。そうでない限り、「根っからの弁護士」にはなれないだろうと。

そう考えると、自分自身が、自分の人生で何を実現したいのかを、真剣に考えるべき時期が来たと思いました。

そして、自分自身を見直し、次のステップに進むために、私はハーバード大学に留学することを決めました。

第五章　いいエリート、わるいエリート

瑕疵がない鋼鉄のエリート

「エリート」と呼ばれる人には、二つの種類があるように感じています。

まずは、正真正銘のエリートです。直接お目にかかったことはないので、あくまでも私のイメージではありますが、たとえば、国際政治学者の緒方貞子さんです。

このかたについては、誰も文句のつけようがないように感じます。うまく説明できませんが、意見が分かれる議論の場合には、常に、自然にマジョリティの側に立つことができ、マイノリティの側に立って攻撃されることがなさそうな……。「完全無欠のエリート」という言い方をしてもいいかもしれません。

「あの人には瑕疵《かし》がない」

法律用語で傷がない、欠けたところのない人をいいます。緒方さんは、まさしく瑕疵がなさそうです。

彼女には強さが感じられるだけではなく、佇まいなのか、バックグラウンドなのか、正しさ、批判しづらさが感じられるのです。たとえば、元外務大臣の田中眞紀子さんには、強さは感じるものの、批判しづらいという印象はありません。どことなくマイノリティ感があります。

緒方さんとはタイプは異なりますが、ジャーナリストの池上彰さんにもエリートの匂いを強く感じます。ＮＨＫで子どものためのニュースをやっていたというバックグラウンドのせいなのか、批判されるべきところがないような、そういう雰囲気を感じます。テレビを通して見る池上さんはソフトで、常に正しいコメントをしている印象です。でも、時事問題をわかりやすく解説すると同時に、意識して聞いているときちんと批判的コメントもはさんでいます。選挙特番では、政治家を〝尋問〟するようなこともある。でも、批判しづらい雰囲気をまとっています。

そのほかに、完全無欠のエリートを挙げるとしたら、アマル・クルーニーでしょうか。オックスフォード大学出身。美貌の弁護士で専門は国際法と人権問題。英語のほかにフランス語とアラビア語をあやつり、もう結婚することはないのではないかと言われていたハリウッドのトップスター、あのジョージ・クルーニーの妻になりました。しかも、彼のアプローチを何度もかわしていたことが報道されていました。

さて、もう一つのエリートは、生まれついての「完全無欠のエリート」ではないものの、憧れと義務感を持って、完全無欠のエリートを目指して背伸びし続けている人。私自身は、この部類に入ります。

学歴やキャリアから、広い意味でのエリートにカテゴライズされてはいるものの、弱点やコンプレックスもたくさんある。だからこそ、ときにはコンプレックスを隠すために、必要以上に居丈高になったり、攻撃的になったりする。でも、ときには、背伸びし続けているうちに、本当に完全無欠のエリートになる人もいる。なれない人もいる。そんなイメージを私は持っています。

私が筑波大学附属高校一年生だった時、教育実習生が来ました。そのほとんどが筑波大附属の卒業生で、筑波大学在学です。そして、その中で一人だけ、東大の教育学部在学の教育実習生がいました。

初日の挨拶の時、彼女は堂々と言ったのです。

「私はエリートです」

高校生の前でそんな恥ずかしい発言を躊躇なくする彼女に対して、私は嫌悪感を覚えました。

「この人、ちょっと恥ずかしいんじゃないかな？」

高校生の時の私は、はっきりと敵意を感じました。

しかし、現在の私にも、高校生の時の私が教育実習生に向けたような視線が注がれている気がしています。なぜなのか――。それは、私が完全無欠のエリートになりきれていないからです。

テレビに出演するとき、私のプロフィールには「東京大学首席」「元財務官僚」「現弁護士」が並びます。そして「エリート」としての扱いを受けます。そのときに、私はほっとすると同時に、しんどさを感じます。

「ああ、パブリックイメージとしてはエリートなんだわ」と思うから。自分自身の弱さがばれていないことに対して安堵するとともに、それを隠して背伸びし続けなければならないことに、しんどさを覚える。

平等社会がエリートを叩く

完全無欠系にしても、無理して背伸び系にしても、日本のエリートは、世界レベルで見れば、エリート度は低い気がします。諸外国と比較したら、日本はさほど格差がないからです。それは、おそらく高度経済成長期による国民総中流化のせいでしょう。

特に二十一世紀に入ってから、社会の格差について頻繁に議論されるようになりましたが、欧米や中国と比べたら日本の貧富の差はそれほどではありません。企業のトップと肩書を持たない社員との所得の開きも、欧米ほど大きくはないでしょう。年に三百億円稼いでドバイにいくつも別荘を持っている、という日本人の話はなかなか耳にしません。

財務省にいた頃にシンガポールとの交渉に携わりました。日本側の代表団は、事前に了解を得ている、ある一定の事項については決定できます。しかし、それはごく一部です。最終判断は、事務次官や財務大臣の決裁が必要だったり、経産省や農水省の意見を聞く必要があったりします。権限が分散された社会だからです。

ところが、シンガポール側は、三十代のエリート官僚がたった一人で、すべて決定していました。あの国では、誰もが分かる形で、エリートが存在しています。そして全権を与えられたエリートが決定すれば、国民が納得する社会です。

シンガポールのあり方が必ずしもいいとは感じませんが、日本はエリートに対してのアレルギーが強すぎるように思います。

たとえば、企業においても、入社時におそらく将来の幹部候補をある程度決めているはずだと思います。それなのに、できるだけそれを見せないようにして、社員のモチベーションを維持しています。

教育も、諸外国と比べたら、はるかに平等です。少なくとも公立校では、成績によるクラス分けはほとんどしていません。公立校では、テストで百点をとる子も、二、三点しかとらない子も、同じ教室で机を並べています。そういう文化で育ってきているから、エリートや格差に対して敏感に反応するのでしょう。

この社会では、現実的には不平等があるにもかかわらず、それに対して見て見ないふりをしようとします。そして、あたかも、人はみな平等な機会が与えられるかのようなフィクションが語られます。こういうフィクションを前提にすることができるのは、それが圧倒的に現実に反しているとまではいえない。つまり、格差が少ないからでしょう。

しかし、そういう平等に見える社会にありながら、ほとんど官僚だけは格差を明確にしています。キャリア制度です。不平等を隠す社会の中で、幹部候補生を明確にしている国家公務員は稀有な存在です。だからなのか、必要以上に叩かれているように思えてなりません。

強く見えるから叩かれるのか。強く見えるものは叩いていいと思っているのか。官僚は叩かれます。ところが、日本の官僚は、国民が思っているほど強くはありません。私が二年間見てきた官僚のほとんどは眠る時間も削って献身し、すでにぎりぎりの状態でした。

だからこそ、誰もが平等に見える日本の状況、そしてその社会にありながら格差を明確にしている官僚に対するネガティヴな感情には違和感を覚えます。

日本のエリートには覚悟がない

エリートというのは本来、激しい競争を経ていることが前提だと私は思っています。

たとえば明治時代の日本には梅謙次郎先生という法学者がいました。日本の民法と商法を起草し、後に帝国大学法科（現東京大学法学部）教授となり、法政大学を創設したかたです。

初代総理大臣の伊藤博文ですら「梅先生」と呼ぶほどの秀才です。私が大学で民法を習った時にも、他の先達は呼び捨てにされていましたが、梅健次郎だけは「梅先生」と呼ばれていました。東京外国語学校（現東京外国語大学）のフランス文学科を首席で卒業し、国費でフランスへ留学。リヨン大学では飛び級で博士課程を修了。リヨン大も首席で卒業されています。余談になりますが、梅先生は、首席で出た外語大では病気のために卒業試験を受けていません。つまり、卒業試験の成績なしで、その他すべての学生よりもいい成績だったということになります。

やはり明治時代に衛生学を学ぶように国に命じられてドイツに渡った森鷗外も同様だと思いますが、明治時代のエリートというのはものすごく限られた存在でした。そして、選ばれるまでには数えきれないほどの競争に勝利し、数えきれないほどのライバルたちを踏み台にしてきた誰もが認めるエリートでした。

そして、自分のキャリアが多くの屍の上にあることをよく理解していました。だからこそ、エリートたちは命がけで学び、その成果を社会に還元させてきました。どれだけの人を踏みつけて自分の今があるのか――。留学生に選ばれることができず、道半ばで将来を絶たれた敗者は、勝者にすべての希望を託しました。だから、勝者は自分のためだけではなく、自分のために可能性の芽をつまれた何万人の分まで、頑張らなければならなかった。それだけの〝覚悟〟を持って学び、仕事でも成果を上げてきました。

ところが、今の日本で「エリート」と呼ばれている人たちには、それほどの覚悟があるとは思えません。数多くの敗者の上に自分の勝利があるとは思っていないし、実際にそれほど人を踏み台にしていないからです。

そこには、少子化の影響もあります。子どもをあまりつくらなくなったことによって、日本では多くの人が大学へ進めるようになりました。兄弟姉妹が五人、十人いた時代は、その全員を大学へ進学させることはできませんでした。お金がかかるからです。特に地方では、兄弟のなかでも優秀な一人、あるいは二人だけしか東京の大学に進ませられないことが多かった。だから、その選ばれた一人は、親孝行のため、兄弟のために頑張ったのでしょう。やがて故郷に錦を飾り、家族やその土地の経済を支えたはずです。

また、人口が減少しているのにもかかわらず、大学が増えていることの弊害もあります。入学試験の倍率が一倍に満たない大学や学部が、今では珍しくありません。だから、高校時代の成績が悪くても、勉強をしていなくても、大学生になれる時代になりました。

大学生の価値が低くなったのです。

誰でも大学へ進めるようになると、世の中が実際よりも平等に見えてしまいます。それは、生きていくためのモチベーションの維持には有効です。しかし、さほど努力をしていないにもかかわらず、自分も頑張ればもっと上に行けるとも思えてしまう。どこかで一発逆転できると錯覚してしまいます。

教育の過程で明らかに選抜からもれているのに、その事実に気づかないふりを続けていると、「オレもやればできるはずだ。やらないから結果が出なかっただけだ」と言い聞かせることになります。そのまま人生がかなり進むと、自分の意識と現実の間に乖離《かいり》が生まれます。現実には自分はエリートを支える側にまわったのです。それなのに、意識の上ではエリートなので、自分にスポットライトを当てない社会をうらんだり、選ばれた誰かを叩いたりするような気がします。

そして、選ばれる過程が不明瞭だと、選ばれた側のエリートにも「選ばれた」という実感が希薄になります。だから、選ばれたエリートの側にも覚悟が育ちません。

そんな日本の社会でも、選ばれる側と選ばれなかった側が明確な世界もあります。スポーツです。スポーツは、実力も努力もわかりやすいので、エリートはエリートとしてリスペクトされているように見えます。

たとえば、松井秀喜選手が読売ジャイアンツに入団し、先輩を差し置いて四番打者になっても、誰も文句は言いません。ジャイアンツファンの人たちも、当然のこととして受け入れ、応援していました。松井選手は誰が見ても優れていて、おそらくチームメイトたちも練習しながら「こいつはモノが違う」と、はっきりとわかったのでしょう。とても健全なシステムです。

テニスの錦織圭選手のケースも同様ですが、スポーツにおける明らかなエリートのことは、社会も叩きません。松井選手が海を渡ってニューヨーク・ヤンキースに移籍してどれだけ高額の年俸を手にしようとも、錦織選手がどれだけ稼いでも、文句を言うどころか、さらにリスペクトします。もちろん、嫉妬もしません。喜んで、エリートを応援し、支える側にまわろうとします。このスポーツ界の仕組みが、スポーツ以外の分野でも機能しないものでしょうか。

日本もエリートに集中投資するべき

反論を恐れずに言うと、いいえ、実のところ反論は恐れていますが、あえて言うと、私は、日本はエリートにもっと集中的に投資をすべきだと考えています。

平等は非効率的だからです。

たとえば、アベノミクスの恩恵をはじめに受けたのは、大企業や金融、不動産業界でした。そして、その他の会社や業種から非難されました。でも、日本全体を考えれば、回復の早い部門から投資するのは健全な発想です。すべてに平等に投資しても、なかなか結果は望めず、短い期間での景気回復はできません。

学校も同じです。一所懸命勉強する学生に集中的に投資して成果を上げ、それをきっかけに全体のレベルを上げていくほうが効率的です。

投資できるお金は限られています。大きなパイに薄く平等にコストをかけても、なかなか成果は上がってきません。しかし、明らかに努力をするところに集中的にコストをかければ、成果が上がり、その成果の社会への還元が期待できます。スポーツ界では行われていることを一般社会でも実現できればいいのです。

ただし、この意見を述べる時、私は、自分がひどく品のないことを言っているように感じます。というのも、投資される側にいるということを前提に話している自分を感じるからです。「私に投資しろ」「私にコストをかけろ」「私にください」と言っているように聞こえるのではないかと思うのです。

では、もし今後私が結婚をして、子どもを産み、愛するその子があまり勉強しなかったとしたらどうか――。自分自身にまっすぐ問いかけます。それでも、私はエリートに集中投資せよ、という意見は貫こうと思っています。少なくとも、それを貫けないのであれば、今すぐ、エリートに投資せよという意見を撤回しなくてはいけないことは、自覚しています。

高校生の頃、東大入試模試で、一度悪い成績をとったことがありました。

あの頃、私はいつも難しい問題が出題されることを願っていました。問題が難しければ、常に努力している人だけが解けて、それ以外はふるい落とされます。淘汰されます。これは私に有利だと思っていたのです。ところが問題がやさしいと、誰もが解けてしまい、差別化できません。その時に私がケアレスミスをしたら、一気に下位になってしまいます。私は、当然選ばれる側に入っているという前提あっての発想でした。私は選ばれる。それは努力している人間の当然の権利だと思っていました。

ところが、あの試験で、私は淘汰される側にまわったのです。問題がやさしかったのではありません。いつもよりもはるかに難しく、私の力が及ばなかったのです。その時はじめて選ばれない側の気持ちを味わいました。衝撃的でした。

そして今、あの模試の時の気持ちをよみがえらせて考えても、やはり日本はエリートに集中投資するべきだと思います。

コンプレックスと屈辱の場に自分を置く

学生時代は、自分は投資される側だと思い、疑っていませんでした。投資されるだけの努力も積み上げ、成果を上げているという自負もあったのです。

しかし、社会はそんなに甘いものではありませんでした。

社会に出てはじめて、自分がふるい落とされる側にまわるのではないかという、恐怖を抱きました。そして、それが明確になるのを避けようという意識が働きました。

絶対に納得できないと思ったのです。かつて勉強していたときには、もちろんいい成績を取りたいと思ったけれど、悪い成績にも必ず納得できました。自分自身の努力が足りなかったのだ、と。問題が悪かったとか、先生のえこひいきだとか、そういう醜い言い訳はしなくて済みました。

しかし、社会に出た今、自分が結果を出せないときに、それを自分の努力の結果だと納得できるかというと、とても疑問です。組織のせいにしたり、社会のせいにしたりするかもしれません。

負けることよりも、負けたときのふるまいが怖い、と思いました。

社会に出ていろいろなエリートを見てきた私は、負けたときのふるまいに人の本質が表れると考えるようになりました。一生、勝ち続けられる人は、ほとんどいません。必ず、どこかで能力や運の限界が来ます。そのときに、それを納得して受け入れられるか、誰かのせいにするか、そこに人の本質的な品位のようなものが表れると思うのです。

「潔い敗者」であることは、「誇り高い勝者」であることよりも、ずっと難しいからです。

そして、「背伸び系」のエリートで終わるか、「完全無欠のエリート」に化けられるかを決めるのは、勝ち続けることよりもむしろ、負けたときの品格ではないか、とすら思うのです。

学生時代の私は、結果を出せないときにも、それは自分の努力の至らなさによるものと納得できました。先ほど、はじめて自分が選ばれない側にまわったと感じた模試について書きましたが、それでも、私は、模試からの帰り道で「今の実力だ。もっと頑張ろう」と奥歯をぐっと噛みしめました。

なぜ、そうすることができたのか。もちろん、もともと高潔だったわけでも、人品優れていたわけでもないことは、ここまで読み進めていただいた皆さんにはおわかりだと思います。それは、自分の持てる以上の力を尽くした、という実感があったからです。だから、それでも力が及ばないものに対して、素直にそう認められたのです。

なぜ、自分の実力以上の力を発揮できたのか。少なくとも、東京大学で、私が最も頭の良い学生ではなかった、と書きました。さらに、勝利というのは、最も優れた人間ではなく、それに対する意志が最も強い人間のもとに訪れると書きました。

この「意志の力」。それを分けるのは、覚悟とか執着心とか、そういう類の湿った感情ではないかと思います。そして、その感情というのは、実は、負のエネルギーから生まれているのではないかと思うのです。

私自身は、コンプレックスの塊を抱えていました。運動能力が低すぎて体育の授業で四段の跳び箱で骨折したこと。ニキビで顔がデコボコになったこと。そして、何よりも札幌から東京の高校へ越境して、そこで田舎者扱いされたことです。自分以外の人間はみな、スマートで洗練されていて都会的であるように感じました。

こういう負の感情を見ないようにしようとする人たちもいます。自分は嫉妬していない、自分は比べていない。しかし、負の感情などないかのようにふるまうと、小さな棘のような感情は大きくて真っ黒な塊にまでふくれあがったりします。負の感情を持つことが悪いわけではないと思うのです。それに対して、見て見ないふりをすることのほうが、もっとずっと悪いと思うのです。

私がここまでやってこられたのは、ひとえに自分の負の感情を見て見ないふりをしなかったからだと思います。コンプレックスとか嫉妬心とか、そういうどろどろとした感情を、いつも自覚していました。だから、マイナスのエネルギーを、自分自身を前に進める力に変えることができたのだと思っています。

でも、今、そのコンプレックスの蓄えが底をついてきたような気がしているのです。いくつかの成果によってコンプレックスが減っていったこと自体は喜ばしい事実です。でも、同時に前へ進む力も衰えました。

私の人生はまだ道半ばだと思います。なのに、このままだと五十代になっても、六十代になっても元「東大首席」と言われてしまう可能性があります。つまり、二十代での成果が人生のピークのように扱われてしまうかもしれない。

二十代の時の推進力で、残りの人生を泳ぎ切ることはできない。私には、新たな推進力が必要です。そして、私を前に進めるエネルギーのみなもとは、「コンプレックス」だと思うのです。

学業で、私が一番苦手だったのは英語です。語学には範囲がありません。教科書を丸暗記すれば確実にいい成績がとれるわけではないからです。だからこそ英語圏で勉強しようと決めました。

財務省時代も、弁護士になってからも、英語ではさんざんつらい思いをしました。外国人と一緒の会議で私が英語を話し始めると、彼らの表情が変わります。

「オオー、マユ、ヨシヨシ、ダイジョウブダヨ。ボクハ、キミガ、リカイデキルヨウニ、ユックリト、ハナシテアゲルカラネ」

と、まるで幼児をあやすような態度に変化します。大人の会議に一人の小学生が混じったかのような……。私は、日本人の常で、聞くことは話すことよりも得意です。だから、相手の言っていることはわかる。日本語ならば、なんとでもなるような議論なのです。それでも、英語で話そうとした途端に、周囲の視線は一変する。私は、人生ではじめて「憐れみ」の視線を受けました。

話し続ける自信が失われます。それでも、これだけは言わなくてはいけないと思って話す。だんだん、自分が本当にバカなんじゃないかと思えてくる。だから、私は、英語の会議の間に三回ほど「英語ができないだけだ。話の中身までおかしいわけじゃないはずだ。英語ができないからって、それだけでバカってわけはない」と自分自身に言い聞かせなければなりませんでした。そうしないと、話す勇気がわいてこなかったのです。そして、私は、帰り道で、悲しくて悲しくて泣きました。

旅行で英語圏の国を訪れた時も同じです。ファストフード店で並んで、ようやく自分の番になって注文をしても、理解されることはありません。アメリカのファストフード店で、サンドイッチを注文することができませんでした。パンの種類、具の種類、ソースの種類。ありとあらゆることを聞かれます。何を聞かれているか分からない。そして、発音が悪いために、私が何を言っているかも伝わらない。(あえて暴言を吐きますが)百キロを超えるような、アメリカでも最低賃金で働いているようなオバチャンが、いらだってくるのが分かります。

「ホワットー?」

そう言われても意地になって私は話しつづけます。

「ネークスト!」

オバチャンは、私に指で列の最後尾にまわるように指示しました。私は、いつも最前列で授業を聞いていたのです。先生は、いつも私の質問に最優先で答えてくれたのです。列の最後尾に並ぶのは、はじめての経験でした。「スマイルゼロ円」という、日本のファストフード店のコマーシャルを思い出しました。この国では、英語ができない私には、無料で笑顔が向けられることはないのだ。

言いたいことはあるのに、伝えたいことはあるのに、言葉が出てこない。相手からは憐れみの表情で見つめられる。あるいは露骨に軽蔑される。あれを体験するために、私はアメリカへ行くことにしました。プライドをずたずたにされる場所に、もう一度自分を置きたいのです。

かつて、東京に出てきて、都会のど真ん中で感じた、あの身が引き裂かれるような思い。あの場所に、再び、立ちたいと思っています。

エリートの傲慢さをそぎ落とす留学

ハーバード大学への留学は、自分の傲慢さをそぎ落とすのも目的です。

東大を首席で卒業し、三年生の時には司法試験に一発で合格し、財務官僚になった。

もしかしたら私は頭がいいのかもしれない、と思いました。でも、厳密には違います。ものすごい努力をしてきたのです。

頭がいいのではなく、人よりも多くの時間を勉強に費やしてきたから成果が出た。コンプレックスを自分を前に進めるエネルギーに変えてきました。それなのに、いつからか、私にはもともと能力があって、努力しなくても成果が得られると思うようになっていた気がします。

この傲慢さも、アメリカでそぎ落としてこよう。時間をかけて、自分の頭で考える私を取り戻してこようと決めました。

完全無欠のエリートに向けて、もう一度、思いっきり背伸びするための留学でもあるのです。

おわりに

この本を書きながら、考えたことがあります。

それは、将来私に子どもができたら、自分と同じように勉強をさせて東大を目指させるだろうか？　エリートを目指させるだろうか？　ということです。

本人が強く望まない限りはそれはやらせない、というのが結論でした。

自分の生き方を子どもに強いてはいけない、と思いました。

私は、常に背伸びし続ける生き方を選んできました。自分ではないものになろうと努力し続けることは、つらい反面、ひとつの生きがいにもなります。しかし、他人は私と同じではない。私がこうあるべきだと思うことを他人が受け入れないかもしれない、ということだけは理解しておかなくては、と思っています。

私自身は、投資のリターンを得るというビジネスの哲学を心の底からは理解できず、労働は尊いと信じたように、価値観や哲学の違いというのは、もはや、教えたり、変えたりするような類のものではないのです。

最近、二十代のかたとお話しする機会があり、彼らは「キャリアアップ」ではなくて、「キャリアストレッチ」という言い方をすると聞いて驚きました。なんでも、自分の能力や職域がより高度なものになっていくというのではなく、職域を少しずつ拡大していくという、縦よりも横の価値観のほうが二十代の転職志向を説明しやすいとのこと。

日本の社会はどんどん多様化し、個性を重視する教育の大切さが説かれています。比べてはいけない。ナンバーワンではなくて、オンリーワンにこそ価値があると。そう考えると、「向上心」というのは、もはや過去の遺物に過ぎないのではないかという気がしてきます。

しかし、私自身は、「向上心」を信仰しています。私は、「ありのまま」の自分を受け入れることに必死に抵抗して、背伸びし続けてきました。今の自分がどれだけ問題だらけであっても、ずっと先のなりたい自分を思い描こうとしました。だから、それに少しずつ近づくための努力をし続けられました。

「向上心」というのは、明日は今日よりも必ず良くなると信じられることだと思います。

そして、自分の将来に期待をかけられること、未来の自分を夢見ることができることだと。

財務省では、国家に人生のすべてを捧げることはできないのではないかと思った。弁護士としては、ビジネスのマインドを完全には理解できないのではないかと思った。どこへ行っても、その価値を最後の最後まで信じ抜くことはできないのではないか、という居心地の悪さをどこかで感じていました。

しかし、この本を書き終わった今、私は、こう思っています。

誰もが生涯に何かひとつの価値を見つけて、それに自分を賭けるとしたら、自分にとっては何がそれにあたるのだろう。そう思って、ずっと探し続けてきたけれど、もしかしたら、「向上心」がそれに当たるかもしれない、と。背伸びし続けてきた私は、この背伸びを向上心と信じて、自分を賭けてみることができるのではないかと思っています。

この本では、著者である私の主観や半生の体験をつづってきました。最後まで読んでいただき、ありがとうございます。

もし読者の皆様にとって何かお役に立つところがあったなら、うれしく思います。

二〇一五年五月　山口真由

山口真由　1983年札幌市生まれ。東京大学法学部在学中に司法試験、国家公務員Ⅰ種に合格。全科目「優」の成績で2006年に首席卒業。財務省を経て、現在は弁護士。『天才とは努力を続けられる人のことであり、それには方法論がある。』などの著書がある。

新潮新書

629

いいエリート、わるいエリート

著者　山口真由《やまぐちまゆ》

2015年7月20日　発行

発行者　佐藤隆信

発行所　株式会社新潮社

〒162-8711　東京都新宿区矢来町71番地
編集部(03)3266-5430　読者係(03)3266-5111
http://www.shinchosha.co.jp

印刷所　錦明印刷株式会社

製本所　錦明印刷株式会社

ISBN978-4-10-610629-3　C0237

価格はカバーに表示してあります。

Ⓢ新潮新書

576
「自分」の壁
養老孟司

「自分探し」なんてムダなこと。「本当の自分」を探すよりも、「本物の自信」を育てたほうがいい。脳、人生、医療、死、情報化社会、仕事等、多様なテーマを語り尽くす。

605
無頼のススメ
伊集院静

情報や知識、他人の意見や周囲の評価……安易に頼るな、倒れるな、自分の頭と身体で波乱万丈を突き抜けろ。著者ならではの経験と感性から紡ぎだされる「逆張り」人生論！

613
超訳 日本国憲法
池上彰

《努力しないと自由を失う》《働けるのに働かないのは違憲》《結婚に他人は口出しできない》《「戦争放棄」論争の元は11文字》……明解な池上版「全文訳」。一生役立つ「憲法の基礎知識」。

614
人間の愚かさについて
曽野綾子

日々の出来事や時事的な話題の中に、この世で人が生きること、死ぬことの本質をとらえ直し、世の風潮のおかしさを鋭く突く。豊かな見聞と経験に裏打ちされた人生哲学。

623
好運の条件
生き抜くヒント！
五木寛之

無常の風吹くこの世の中で、悩みと老いと病に追われながらも「好運」とともに生きるには――著者ならではの多彩な見聞に、軽妙なユーモアをたたえた「生き抜くヒント」集。